Franz
LISZT

DANTE SYMPHONY
A Symphony to Dante's
'Divina Commedia'
S. 109

Study Score
Partitur

PETRUCCI LIBRARY PRESS

VORWORT.

Einen Dante zu begreifen, bedürfte es eines Michelangelo‹, schreibt Liszt 1837 in dem offenen Briefe an Louis de Ronchaud[1]), und der Plan, zur »Göttlichen Komödie‹ ein musikalisches Gegenstück zu schaffen, erscheint ihm eine so erhabene Aufgabe, daß er (1839) ausspricht[2]): »Dante hat seinen künstlerischen Widerhall in Orcagna und Michelangelo gefunden: vielleicht findet er eines Tages seinen musikalischen in einem Beethoven der Zukunft‹. Daß er sich nicht etwa selbst für diesen »Beethoven der Zukunft‹ hielt, kann man ohne weiteres annehmen, denn gerade in jener Zeit verraten seine Äußerungen eher einen Mangel als einen Überschuß an Selbstvertrauen[3]).

Die starke Anregung, die ihm Dante gab, zeitigte ihre erste Frucht in der *Fantasia quasi Sonata*, die den Untertitel »*Après une lecture du Dante*‹ trägt. Besonders in den vierziger Jahren beschäftigte sich Liszt immer wieder mit Dantes Dichtung und gab sich ihrem Zauber so hin, daß sie einen bestimmenden Einfluß auf sein Denken gewann. »*Pendant ces dernières années*‹, schreibt er über Dante an Carl Alexander von Sachsen-Weimar, »*il était devenu pour mon esprit comme la colonne de nuées qui guidait les Israélites à travers le désert*‹[4]). Allmählich war in ihm der Plan gereift, ein großes symphonisches Werk zu schreiben, das Dantesche Bilder, Dantesche Vorstellungen zum Hintergrunde hätte. Daß auf Liszts Stellung auch zu Dante der Gedankenaustausch mit der Gräfin d'Agoult von Einfluß war, ist als sicher anzunehmen[5]). Es ist nicht zu verwundern, daß er einen Plan, der ihm so am Herzen lag wie der zum »Dante‹, sehr bald auch der Frau mitteilte, die dann an Stelle der Gräfin die Vertraute aller seiner Gedanken, die Mitwisserin seiner geheimsten künstlerischen Absichten wurde: der Fürstin Wittgenstein. Nach einem Briefe der Fürstin, den Kapp in seiner Lebensbeschreibung des Meisters (S. 210) teilweise mitteilt, hat Liszt ihr schon in Woronince, also 1847 oder 1848, Motive

---

[1]) Ges. Schr. II, 174.

[2]) Ges. Schr. II, 253.

[3]) Vgl. Ges. Schr. II, 252, wo Liszt sich einen nennt, »der den Lauf der Welt mehr erraten als erfahren habe und nicht berufen ward zu den ruhmreichen Schmerzen eines hohen Geschicks‹. Auch in dem offenen Briefe an Ronchaud (Ges. Schr. II, 160, nennt Liszt seine eigene Tätigkeit: »ruhig seine schmale Furche ziehen‹.

[4]) Briefw. m. Carl Alexander, 26.

[5]) Vgl. S. 250. Gemeinsames Lesen und Gespräche mit der Gräfin über Dante, wie er sie z. B. Ges. Schr. II, 174 erwähnt, werden auf Liszts Phantasie nicht ohne Einfluß geblieben sein. Später, als seine Gefühle für die Person Marie d'Agoults sich gewandelt hatten, hielt er auch von ihren Dante-Studien nicht mehr viel. So schrieb er am 26. Juli 1874 an Bülow (Briefwechs. mit diesem, 390): »D. S. [zweifellos Daniel Stern, der Schriftstellername der Gräfin] a beaucoup devisé sur Dante et publié un volume de dialogues à son sujet. Mieux qu'elle vous vous êtes inspiré du sublime poète dans le Sonnet »Tanto gentile‹.

des »Dante« vorgespielt[6]). Sie entwarfen beide damals abenteuerliche Pläne. L. Ramann (»Franz Liszt als Künstler und Mensch«) berichtet darüber ausführlich nach eigenen Angaben der Fürstin[7]). Mit der Komposition der Dante-Symphonie sollte eine ganz neue und eigenartige Kunstgattung geschaffen werden. »Die Malerei sollte in Bildern dioramaartig die Symphonie begleiten, und der Gesang — ein Chor am Schlusse des Werkes — die Krönung der Leiden in der errungenen Seligkeit in dem mystischen Magnificat verkünden ... Zur Ausführung der Bilder war beabsichtigt, den hochbedeutenden, dante-inspirierten Genelli zu gewinnen*).« Die Fürstin wollte dafür 20 000 Taler ausgeben!

Die Aufgabe, die er in der Dante-Komposition zu lösen hatte, erschien Liszt so wichtig, daß er erst ganz selbständig werden mußte, um sich ihr gewachsen zu zeigen. In der umständlichsten Weise hatte er in den ersten Jahren seines Weimarer Aufenthaltes sich Übung und Gewandtheit im Instrumentieren erworben. Seine Ratgeber waren dabei der Possenkomponist August Conradi (geb. 1821, gest. 1873) und Joachim Raff[8]).

In dem gesamten Briefwechsel Liszts mit Raff[9]) wird die Dante-Symphonie niemals erwähnt. Liszt hat für dieses Werk Raffs Hilfe, wenn überhaupt, so nur zu Zwecken der Reinschrift in Anspruch genommen[10]).

In demselben Skizzenbuch, das die ersten flüchtigen Aufzeichnungen der »Faust«-Themen enthält[11]), stehen unmittelbar neben diesen die ersten Themenentwürfe zum »Dante«.

Auch von der Dante-Symphonie sind an Handschriften, wie von der Faust-Symphonie, nur die Anfangs- und Schlußstadien erhalten geblieben. Eine nicht instrumentierte erste Niederschrift fehlt auch hier. Die erste Partitur (gegenwärtig im Besitze von Geh. Hofrat Arthur Nikisch in Leipzig) ist überschrieben: *IND 15 avril*. Am Schlusse jedes Satzes steht: *BBBBBB*.

IND (In Nomine Domini) findet sich sehr häufig und schon sehr früh auf Lisztschen Handschriften, ebenso, von der Zeit der Freundschaft mit der Fürstin Wittgenstein ab, die Bezeichnung *BBBBB* am Schlusse. (Es finden sich auch sechs, gelegentlich sogar sieben B.) Häufig ist auch die Form *BBBB d B*. Diese Bezeichnung beruhte, wie mir die Frau Fürstin von Hohenlohe, die Tochter der Fürstin Wittgenstein, mitteilte, auf einer Verabredung Liszts mit ihrer Mutter. Liszt nannte sich und die Fürstin im Scherze oft »die Zwillinge, die Seelenzwillinge, les bons bessons«. *Besson* ist ein mundartlicher Ausdruck für *jumeau*. Littré bezeichnet das Wort als »*vieux et inusité, si ce n'est dans quelques provinces*«. Etymologisch leitet er es von »bis« ab. Der Sinn der Unterzeichnung ist: *Que bon Dieu bénisse les bons bessons*. (So schreibt Liszt z. B. [Br. VI, 235] über den Abschluß einer Handschrift: »*Je viens d'ajouter le BDB (bon Dieu bénit) à mon manuscrit de Cantate*«. Ein andermal beendet er seinen Brief mit den Worten: »*Bon Dieu bénisse bons bessons*« [VI, 159; auch 41, 132, ferner VII, 24]. Häufig unterschreibt er den Brief nur mit *Besson* [VI, 272] oder auch *B.B.* [z. B. VI, 276, 277, 278].)

Ebenfalls nach Verabredung wurde aber das Wort *Dieu* ersetzt durch das polnische Wort für »Gott«: Boże, so daß der Spruch nun hieß: Bon Boże Bénisse Bons Bessons. Das häufig zwischen den *B* auftretende kleine *d* ist wohl zu deuten als »deux« (vor *Bessons* oder *Bons Bessons*). Die Zahl der *B* ist, wie gesagt, verschieden. Das ist aber nur eine Folge der Flüchtigkeit bei diesem Schlußschnörkel.

Der zweite Teil der Urschrift hat ein Titelblatt:

Eine Symphonie zu Dantes
Divina Comedia
2ter Theil
(Purgatorio und Vision)

Die Partitur weicht in Einzelheiten stark ab von der endgültigen Gestalt; vieles ist darin einfacher.

Es fehlt z. B. die Fuge (S. 99 ff. der vorliegenden Ausgabe). An ihrer Stelle stand eine andere, mehr äußerliche Durchführung. Das *Andante amoroso* (S. 47) war ursprünglich ganz im $^4/_4$-Takt geschrieben; so:

Das durchstrich Liszt und schrieb die endgültige $^7/_4$-Fassung dahinter. Der ganze Abschnitt unterscheidet sich aber noch sehr bedeutend von der letzten Fassung, die viel schwungvoller ist. Der Gedanke, am Schlusse das gedämpfte Horn noch einmal das »*Lasciate*« blasen zu lassen, ist in der ersten handschriftlichen Partitur noch nicht enthalten.

Zu dem *crescendo*, S. 84, schrieb Liszt: »Bei Theateraufführungen kommt Windschleuder hinzu«. Das hat er später weggelassen, er beabsichtigte aber jedenfalls einmal im Jahre 1856 einen Effekt, den Richard Strauß im Jahre 1897 im Don Quixote und später in der Alpensymphonie wirklich angewendet hat.

Die Jahreszahl fehlt bei der Zeitbezeichnung der Urschrift. Gemeint ist, wie schon soeben erwähnt, 1856. Am 16. Mai dieses Jahres schrieb Wagner aus London an Liszt, daß er zum ersten Male Dante läse: »Durch sein *Inferno* bin ich durch, und befinde mich jetzt an der Pforte des Fegefeuers«[12]). Am 2. Juni antwortete ihm Liszt[13]): »Den Dante also liest Du. Das ist eine gute Gesellschaft für Dich. Meinerseits will ich Dir eine Art Kommentar zu dieser Lektüre liefern. Schon längst trage ich eine Dante-Symphonie in meinem

[6] Die Briefe der Fürstin an Liszt (jetzt im Besitze des Liszt-Museums) sind unveröffentlicht.
[7] II², 20 ff. Siehe dazu auch: La Mara, »Aus der Glanzzeit der Weimarer Altenburg«, Leipzig 1906, S. 37.
[8] Näheres über sein Verhältnis zu Conradi und Raff siehe in meiner Schrift »Die Entstehungsgeschichte der ersten Orchesterwerke Franz Liszts« (Jenaer Dissertation, 1916).
[9] »Franz Liszt und Joachim Raff im Spiegel ihrer Briefe« von Helene Raff, im ersten Jahrgange der »Musik«.
[10] Die Stichvorlage (Liszt-Museum, Ms A 13) hat Raff nicht geschrieben.
[11] Im Liszt-Museum, Ms N 4.
[12] Br. Wagner-Liszt (Volks-Ausgabe), II, 68.
[13] Ebenda II, 71.
*) Wir bringen diesem Gedanken des Meisters ein bescheidenes Opfer dar, indem wir das Vorwort mit einer Zeichnung Genellis zur göttlichen Komödie schmücken, wozu die Verlagshandlung von Alphons Dürr in Leipzig ihre freundliche Genehmigung erteilte. Wir wählten die Szene des Paul Malatesta und der Franzeska von Rimini, welche auch Liszt in dem berühmten Andante amoroso ganz besonders hervorhob. Breitkopf & Härtel.

Kopf herum — im Laufe dieses Jahres soll sie fertig geschrieben sein.« In demselben Briefe heißt es am Schluß: »Sobald [die Prometheus-Chöre[14])] fertig geschrieben, gehe ich an meine Dante-Symphonie, die schon teilweise skizziert ist« [15]).

Doch die Arbeit kam zunächst gar nicht in Gang. Am 5. Juli 1855 schrieb Liszt an Agnes Klindworth-Street: »*Vers la mi-Août je tâcherai de commencer le Dante*« [16]). Aber das Jahr ging zu Ende und das nächste fing an, ohne daß Liszt ernsthaft dazu kam, den großen Plan ins Werk zu setzen. Noch am 11. März 1856 berichtet er an die soeben genannte Freundin [17]): »*Hélas, il se passera bien encore 6 semaines avant que je ne puisse m'y mettre tout de bon*«. Unmittelbar nach dieser Zeit aber muß Liszt Stimmung und Muße zu seinem Werke gefunden und nun mit unermüdlichem Eifer gearbeitet haben, denn schon am 23. April 1856 schreibt er der Freundin [18]): »*Ces jours derniers j'ai beaucoup travaillé et suis tout près de terminer mon Enfer*«, am 24. Mai teilte er Christian Lobe [19]) mit, daß die Dante-Symphonie »zur Hälfte ausgeschrieben« [20]) sei, und am 9. Juli 1856 berichtet er an Louis Köhler, daß er »gestern die letzten Takte der Partitur geschrieben habe« [21]).

Über die Entstehungszeit und die Aufführungen der Dante-Symphonie war Lina Ramann ganz besonders schlecht unterrichtet (und hätte es doch besser sein können, da der erste Band der Liszt-Briefe, der die Mitteilung von der Vollendung der Partitur enthielt, ein Jahr vor dem letzten Bande ihres Buches erschien!) Aber sie fühlte sich ihrer Sache sehr sicher, wahrscheinlich, weil sie die an Wagner gerichtete Voranzeige (»schon teilweise skizziert«) für mehr nahm, als sie bedeutete. Und so »berichtigte« sie denn in einer Anmerkung (II², 330) die Angaben Pohls[22]) (S. 224), der mit Recht 1856 als das Entstehungsjahr des »Dante« bezeichnet [23]).

Geplant war das Werk ursprünglich als Symphonie in drei Teilen. Am 3. Juni 1855 schreibt Liszt an Rubinstein und erzählt ihm von seinem Dante-Plan, demzufolge die ersten beiden Teile »*l'Enfer*« und »*le Purgatoire*« ausschließlich instrumental gestaltet werden sollten, während der dritte Satz »*le Paradis*« mit Chorgesang gedacht war [24]). Dasselbe teilt er Wagner über den Plan seines Werkes mit [25]). Der aber beantwortete wenige Tage später, sehr ausführlich, diese Mitteilung dahin, daß er das Gelingen der »Hölle«- und »Fegefeuer«-Darstellung durch Liszt keinen Augenblick bezweifle, daß er gegen einen »Paradies«-Satz aber Bedenken hätte. In einem sehr eingehenden und den Stoff aufs sorgfältigste untersuchenden Briefe [26]) (einem der schönsten des ganzen Briefwechsels) begründete Wagner sein Bedenken, und hatte den Erfolg, daß Liszt bei seiner Komposition auf eine eigentliche Schilderung des Paradieses verzichtete.

Pohl, der später im Auftrage des Meisters das Vorwort zur Partitur schrieb [27]), sagt über die Verschmelzung des Fegefeuer-Teiles mit der Andeutung einer Paradies-Darstellung in jenem Vorwort das Folgende:

»Sowohl aus musikalischen als auch dem katholischen Dogma selbst hervorgehenden Gründen durfte der Tondichter vorziehen, den zweiten und dritten Teil ebensowenig in äußerlicher Trennung zur Erscheinung zu bringen, als sie innerlich zu trennen sind ... Den Himmel selbst vermag die Kunst nicht zu schildern, nur den irdischen Abglanz dieses Himmels in der Brust der dem Licht der göttlichen Gnade zugewandten Seelen. Und so bleibt für uns dieser Glanz noch immer ein verhüllter, wenn auch ein mit der Reinheit der Erkenntnis sich steigernder. Nur bis hierher wollte der Tondichter dem Sänger nachwandeln.«

Wie in allen seinen Werken hat Liszt auch in diesem nach der Vollendung noch einschneidende Veränderungen angebracht. Die beiden Schlüsse finden sich aber schon in der ersten Partiturniederschrift. Ursprünglich schloß der zweite Satz vier Takte früher. Liszt fügte dann die vier Takte der endgültigen Gestalt und auch den ganzen prunkvollen Schluß hinzu, schrieb aber zu den *pp*-Takten »vielleicht hier schließen«.

Als er im Oktober 1856 Wagner in Zürich mit der Dante-Symphonie bekannt machte, nahm dieser leidenschaftlich Partei für den ursprünglichen, sanft verklingenden Schluß. »Du hast recht«, rief Liszt (nach Wagners Erzählung [28])), »ich habe es auch gesagt; die Fürstin hat mich anders bestimmt: aber es soll nun so werden wie Du meinst.« »Das war nun schön«, fährt Wagner in seiner Erzählung fort, »desto größer jedoch war mein Leid, später erfahren zu müssen, daß nicht nur dieser Schluß am »Dante« beibehalten, sondern sogar der von mir so besonders dankbar empfundene zarte Schluß des »Faust«, in einer mehr auf das Prunkende hinauslaufenden Weise, durch den Eintritt von Chören umgeändert wurde. Da lag denn mein ganzes Verhältnis zu Liszt und seiner Freundin Caroline von Wittgenstein ausgedrückt.« —

---

[14]) Die Liszt damals einer durchgreifenden Änderung unterzog.

[15]) Im gleichen Sinne schrieb Liszt am 1. Juni 1855 an Agnes Klindworth (Br. III, 23), die ihm darauf eine Dante-Ausgabe schenkte (Br. III, 37, 39). Er hörte auch gern die Ansicht dieser Freundin über die Dichtung (Br. III, 45, 46). Auch an Rubinstein berichtete Liszt schon am 3. Juni 1855, daß er den Plan skizziert habe (Br. I, 201).

[16]) Br. III, 30.

[17]) Br. III, 66.

[18]) Br. III, 69.

[19]) Br. III, 128.

[20]) »Ausgeschrieben« heißt in Liszts Deutsch soviel wie aufgeschrieben, und bedeutet nicht etwa, wie nach dem jetzigen Sprachgebrauch, daß schon die Orchesterstimmen hergestellt gewesen wären. In dem am selben Tage an L. Köhler gerichteten Briefe sagt Liszt sogar, daß die Dante-Symphonie über die Hälfte ausgeschrieben sei (Br. I, 223).

[21]) Br. I, 224.

[22]) Richard Pohl: Franz Liszt, Studien und Erinnerungen, Leipzig, Bernhard Schlicke, 1883.

[23]) Ganz zuverlässig ist seine Mitteilung nicht, denn er nennt als Zeit der Vollendung des zweiten Satzes: Ende Juni 1856, während die Partitur, wie wir sahen, am 8. Juli abgeschlossen wurde.

[24]) Br. I, 201.

[25]) Br. Wagner-Liszt, II, 71 (2. Juni 1855. Die beabsichtigte Dreiteiligkeit bezeugt auch Br. Liszt-Bülow, 138.

[26]) Br. Wagner-Liszt, II, 73 ff. (7. Juni 1855).

[27]) Über die verschiedenen Vorworte zur Dante-Symphonie und ihre Geschichte vgl. Müller-Reuter »Lexikon der deutschen Konzertliteratur«, 275, 276.

[28]) Rich. Wagner: »Mein Leben« (Volksausgabe 1914) III, 120.

Der öffentlichen Uraufführung in Dresden[29]), am 7. November 1857, gingen, wie üblich, private Probeaufführungen in Weimar voraus[30]).

Das Werk wurde in Dresden vom Publikum und von der Presse abgelehnt. Liszt aber erkannte in der öffentlichen Aufführung die noch zu beseitigenden Mängel deutlicher als in den Weimarer Proben. Er schrieb selbst im März 1859 an Max Seifriz[31]), daß ihm »die Dresdener Aufführung nur als Probe gedient hätte, wonach er manche Änderungen in der Partitur getroffen«, und im Januar 1858 an Draeseke[32]): »Die Dresdener Aufführung war mir notwendig, um darüber zur Objektivität zu gelangen. Solange man nur mit dem toten Papier zu tun hat, verschreibt man sich leicht. Musik verlangt nach Klang und Wiederklang!« Im Briefe an Brendel[33]) nennt er die Veränderungen, die er nachträglich anbrachte: »Verbesserungen, Vereinfachungen und Läuterungen an der Partitur, die sich während der Proben und der Aufführung in seinem Kopfe festgesetzt hatten und die er zum voraus hörte, ohne sich um das gegenwärtige Publikum weiter zu bekümmern«.

Sobald die Dante-Symphonie in Liszts Kopf greifbare Gestalt angenommen hatte, stand bei ihm der Plan fest, dieses Werk Richard Wagner zu widmen.

Schon der ersten Mitteilung an diesen von dem Vorhaben, eine Dante-Symphonie zu komponieren, hatte er hinzugefügt: »und wenn sie Dir nicht mißfällt, so erlaubst Du mir, Deinen Namen zu inskribieren«[34]). Als er dem Freunde dann die fertige Partitur übersandte, schrieb er die Worte hinein[35]):

»Wie Virgil den Dante, hast Du mich durch die geheimnisvollen Regionen der lebensgetränkten Tonwelten geleitet. —

Aus innigstem Herzen ruft Dir zu:

»Tu se lo mio maestro, e il mio autore!« und weiht Dir dies Werk in unwandelbar getreuer Liebe

Weimar — Ostern — 59.   Dein F. Liszt.«

Für die Öffentlichkeit waren diese Worte nicht bestimmt. In seinem traurigen und bitteren Briefe an Bülow (vom 7. Oktober 1859) schreibt Wagner[36]):

»So gibt es vieles, was wir unter uns gern uns zugestehen, z. B. daß ich seit meiner Bekanntschaft mit Liszts Kompositionen ein ganz anderer Kerl als Harmoniker geworden bin als ich vordem war . . . Liszt kann mir z. B. wohl mit Tinte auf das Widmungsblatt des »Dante« schreiben, daß er mir vieles zu verdanken zu haben glaube; ich nehme das als einen Exzeß der Freundschaft auf. Töricht von mir aber würde es doch sein, wollte ich darauf bestehen, daß so etwas wirklich gedruckt für alle Welt der Widmung beigefügt sei. Es würde mich dies geradewegs zum öffentlichen Protest veranlaßt haben.«

Auf das Titelblatt der letzten Reinschrift, die als Vorlage für den Stich diente[37]), schrieb Liszt die Worte:

»Richard Wagner in ehrerbietigster Bewunderung und getreuer Freundschaft gewidmet.«

Aber auch das verwarf er schließlich und setzte auf die erste Seite der gestochenen Partitur nur die Worte:

»Richard Wagner gewidmet!«

Weimar, im August 1920.

Dr. Peter Raabe.

[29]) II², 330 sagt Lina Ramann, daß die Uraufführung unter der Leitung des Chordirektors Fischer stattgefunden habe. Das ist falsch. Liszt dirigierte selbst, wie die Besprechungen des Konzerts in den Zeitungen vom Dezember 1857 beweisen, und wie auch aus seinem Briefe an Brendel (Br. II, 24) hervorgeht, in dem sich Liszt selbst der »nachlässigen Direktion« anklagt. (Vgl. dazu Br. VII, 192: »elle avait une chute mortelle . . . . à Dresde, *un peu par ma faute*«, und Br. an Gille, 23: »in Dresden, wo allerdings die Aufführung sehr mißlungen war aus Mangel an Proben. Ich bekenne meine Schuld, der Verkürzung meiner Werke vom Dirigentenpult aus, mit gekränkter Toleranz, öfters beigestanden zu sein«.) Lina Ramann behauptet übrigens an derselben Stelle, daß auch die zweite Aufführung, in Prag, am 11. März 1858 (sie schreibt irrtümlich am 13.) nicht von Liszt, sondern von Prof. Mildner dirigiert worden sei. Auch das ist falsch, siehe Br. I, 298, Liszts Brief an Cornelius.

[30]) Das Stattfinden einer solchen Probe (am 12. Oktober 1857) wird bezeugt durch einen Brief Bülows, von dem Heinr. Reimann seiner (unvollendet gebliebenen) Bülow-Biographie (Berlin, 1908) eine Abbildung beigegeben hat. Der Brief selbst befindet sich im Musikhistorischen Museum von Fr. Nicolas Manskopf in Frankfurt a. M. Er fehlt in »H. v. B.'s Briefen und Schriften«.

[31]) Seifriz (1827—1885) hat sich als Hohenzollern-hechingenscher Hofkapellmeister in Löwenberg um die Aufführung Lisztscher Orchesterwerke sehr verdient gemacht. Der Brief an ihn steht Br. I, 317.

[32]) Br. I, 294.

[33]) Br. II, 24.

[34]) Briefw. Wagner-Liszt, II, 71.

[35]) Ebenda II, 264.

[36]) Richard Wagner, Briefe an Hans von Bülow (Jena, Eugen Diederichs), 125.

[37]) Im Liszt-Museum, Ms A 13.

INSTRUMENTATION

2 Flutes

Piccolo (also Flute 3)

2 Oboes

English Horn

2 Clarinets

Bass Clarinet

2 Bassoons

4 Horns

2 Trumpets

3 Trombones

Tuba

2 Timpani

Percussion

(Tam-Tam, Bass Dum, Cymbals)

2 Harps

Harmonium

Violins I

Violins II

Violas

Violoncellos

Basses

Duration: ca. 45 minutes

First Performance: November 7, 1857
Dresden: Hoftheater
Franz Liszt, conductor

ISBN: 978-1-60874-036-9

This score is an unabridged reprint of the score
first issued in Leipzig by Breitkopf & Härtel, 1920. Plate F. L. 13

Printed in the USA
First Printing: December, 2011

Richard Wagner gewidmet

DANTE SYMPHONY
A Symphony to Dante's 'Divina Commedia'
S. 109

Franz Liszt (1811-1886)

I
Inferno.

Lento.

Kleine Flöte.

2 Große Flöten.

2 Hoboen.

Englisches Horn.

2 Klarinetten in B.

Baßklarinette in A.

2 Fagotte.

4 Hörner in F.

2 Trompeten in B.

2 Tenorposaunen.

Baßposaune u. Tuba.

Pauken in D. A.

Pauken in F. C.

Becken.

Große Trommel
mit Paukenschlägeln (*with drumsticks*)
(*avec baguettes de timbales*)(*üstdobverövel*)

Tamtam.

Harfe.

1. Violinen.

2. Violinen.

Bratschen.

Violoncelle.

Kontrabässe.

Lento.

a 2 Per me si va nella cit_tà do_len_te:_____   Per me si va nell'e_ter_no do_lo_re:_____

gleich dämpfen (*mute immediately*)
(sec)(*birtelen elfojtani*)

mf

Per me si va nella cit_tà do_len_te: Per me si va nell'e_ter_no do_lo_re:

PETRUCCI LIBRARY PRESS

A
Fl.
Hob.
Engl. H.
Klar.
Baßkl.
Fag.
La - - scia - te o gni spe - ran - - - za,
a 2
Hr.
Tr.
Per me si va tra la per du ta gen - te
marcatissimo
Pos. u. Tuba.
sec.
Pk.
Bck.
Gr. Tr.
Tamtam.
gleich dämpfen (mute immediately)
(sec) (hirtelen elfojtani)
Per me si va tra la per du ta gen - te
divisi
A

accelerando poco a poco

voi — chen tra te!

gleich dämpfen (mute immediately)
(sec)(hirtelen elfojtani)

tempestoso

tempestoso

accelerando poco a poco

Klar.
Fag.
1. u. 2. Hr.
Pk.
Gr. Tr.
f marc.
a 2
f marcato
gestopft (stopped)
(bouché) (tömött kürt)
f marcato
pp
pp
f violente
f violente
f violente
f marcato
f marcato
f marcato
f marcato
fp
fp
Fl.
Hob.
Klar.
Fag.
1. u. 2. Hr.
Vcl. u. Kb.
a 2
f
rinforz.
f marcato assai
f
rinforz.
rinforz.
a 2
assai
assai
f
rinforz.
rinforz.
rinforz.

B
Hob.
Engl. H.
Klar.
Fag.
(offen)
(ouvert)
Hr.
Tr.
Pos. u.
Tuba.
Pk.
gleich dämpfen
(mute immediately)
(sec)
(hirtelen elfojtani)
Bck.
Gr. Tr.
Vcl.
tempestoso
Kb.
tempestoso
B

Klar.
marc. assai
Fag.
a 2
f marcato assai
1. u. 2. Hr.
gestopft (stopped)
(bouché) (tömött kürt)
marcato
Pk.
pp
Gr. Tr.
violente
Vcl. u. Kb.
fp
Fl.
Hob.
rinforz.
divisi

C
Kl. Fl.
Fl.
a 2
Hob.
Engl. H.
Klar.
Baßkl.
marcatissimo
Fag.
a 2
marcatissimo
(offen)
Hr.(ouvert)
Tr.
a 2
Pos. u. Tuba.
marcatissimo
Pk.
Bck.
Tamtam.
divisi
divisi
divisi
marcatissimo
C

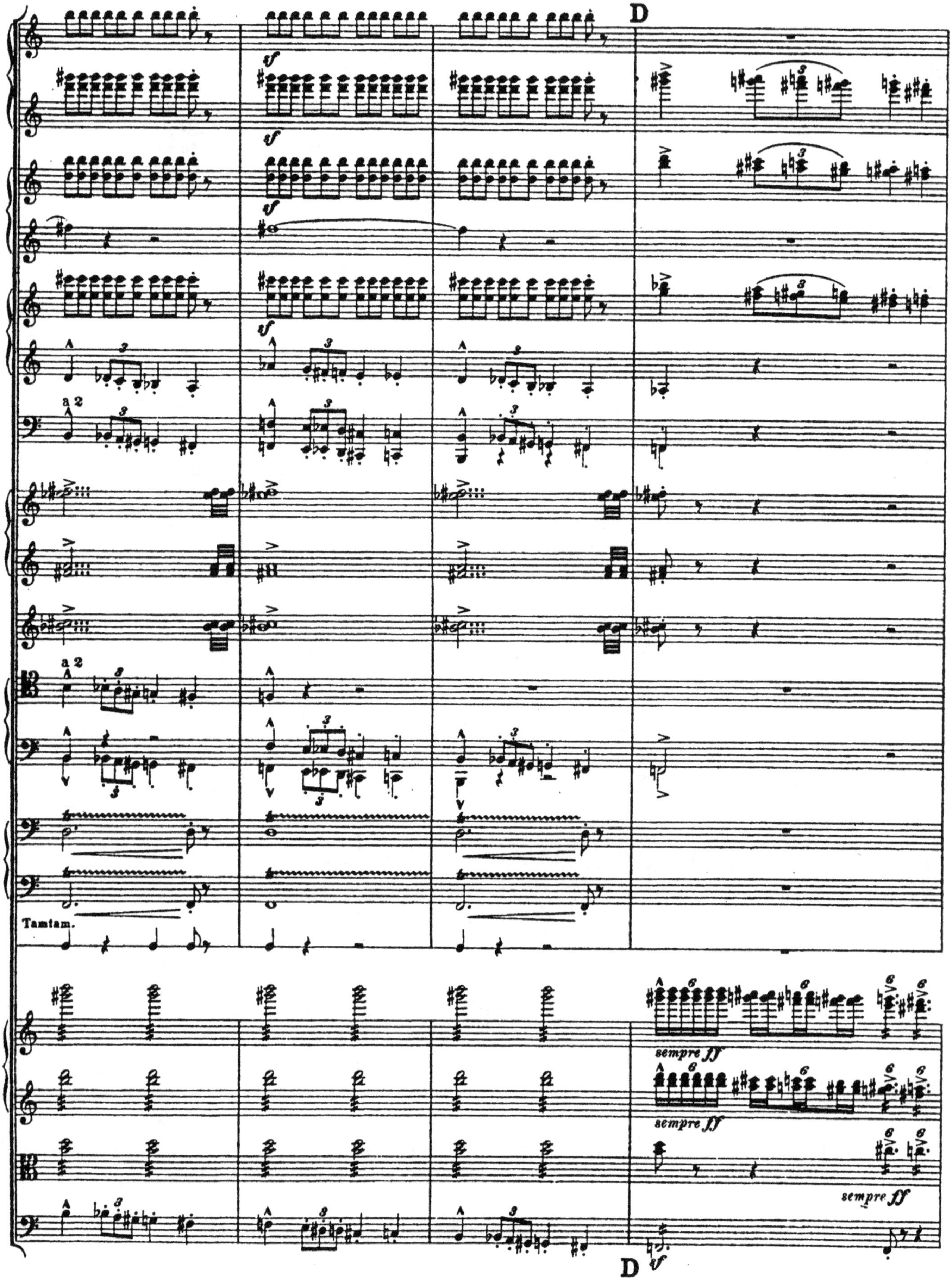
D
sf
sf
sf
sf
a 2
a 2
Tamtam.
sempre ff
sempre ff
sempre ff
sf
D

un poco più accelerando

un poco più accelerando

Alla breve.
Allegro frenetico. Quasi doppio movimento.

Allegro frenetico. Quasi doppio movimento.
Alla breve.

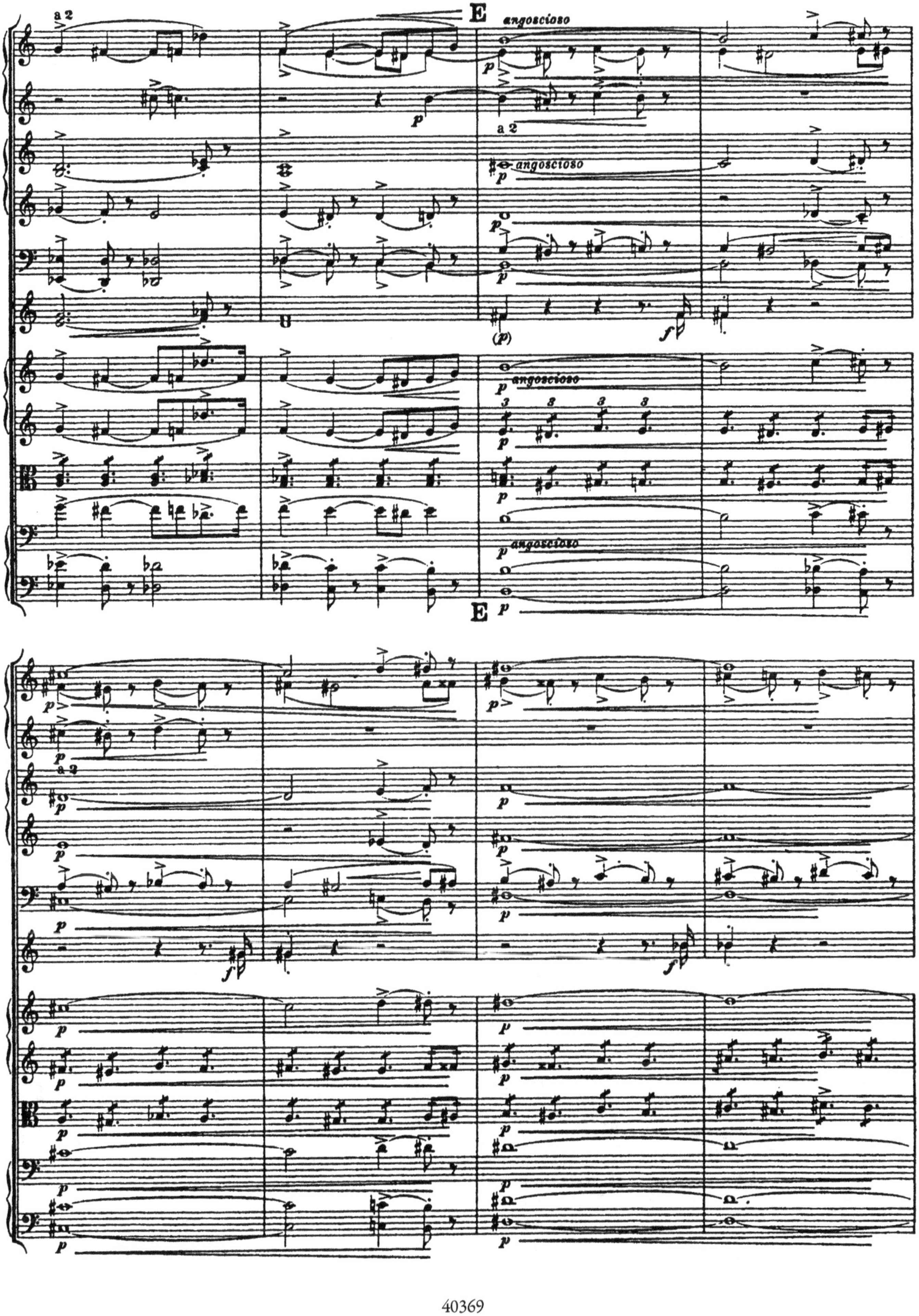
a 2
E
angoscioso
a 2
angoscioso
angoscioso
angoscioso
E
a 2

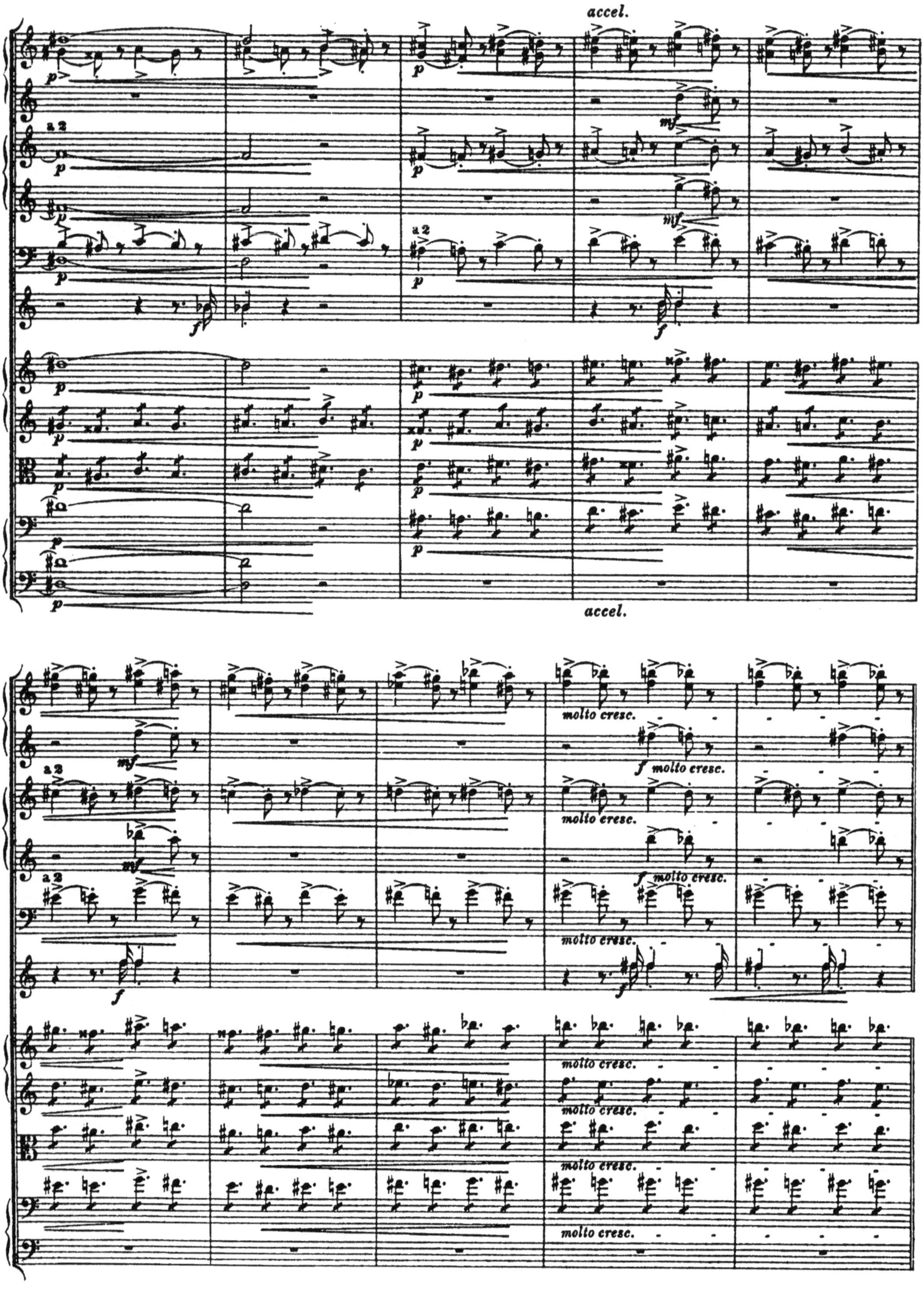
accel.
a 2
p
mf
f
accel.
a 2
molto cresc.
f molto cresc.

F Più mosso.
Kl. Fl.
Fl.
a 2
Hob.
Engl. H.
Klar.
Baßkl.
a 2
Fag.
Hr.
Tr.
Pos. u. Tuba.
Pk.
F
Più mosso.

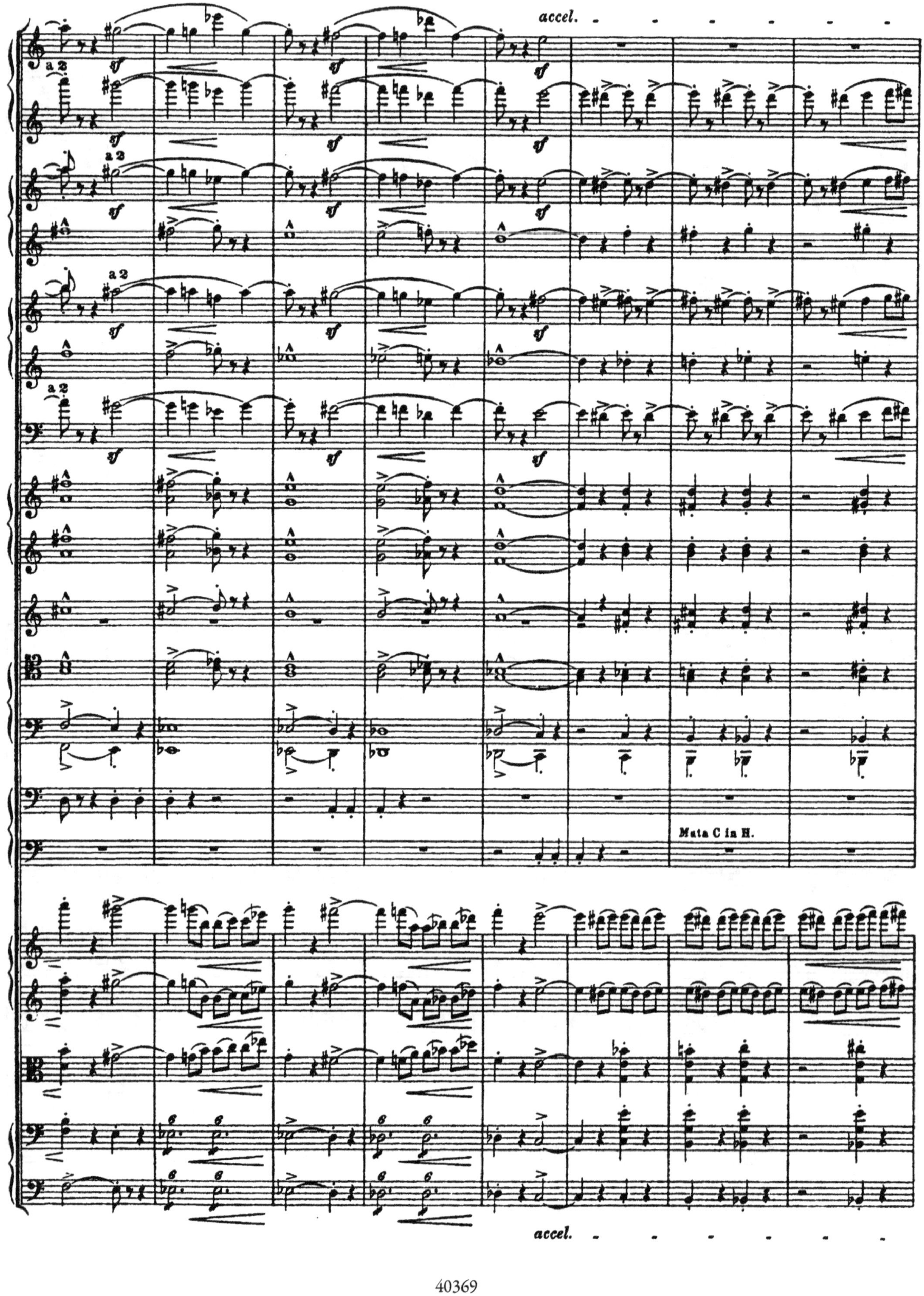
accel.
a 2
sf
a 2
sf
a 2
sf
a 2
sf
Muta C in H.
accel.

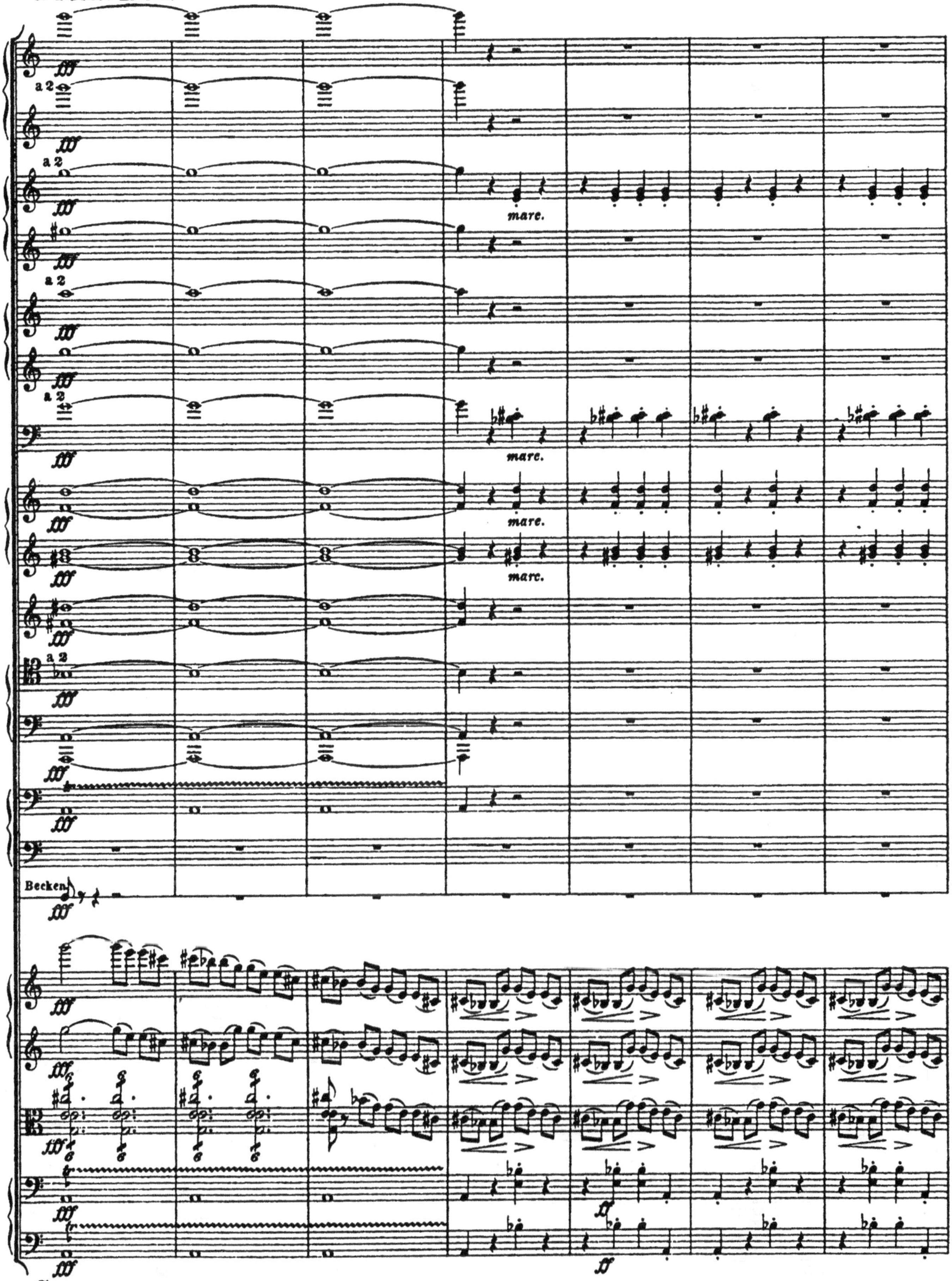

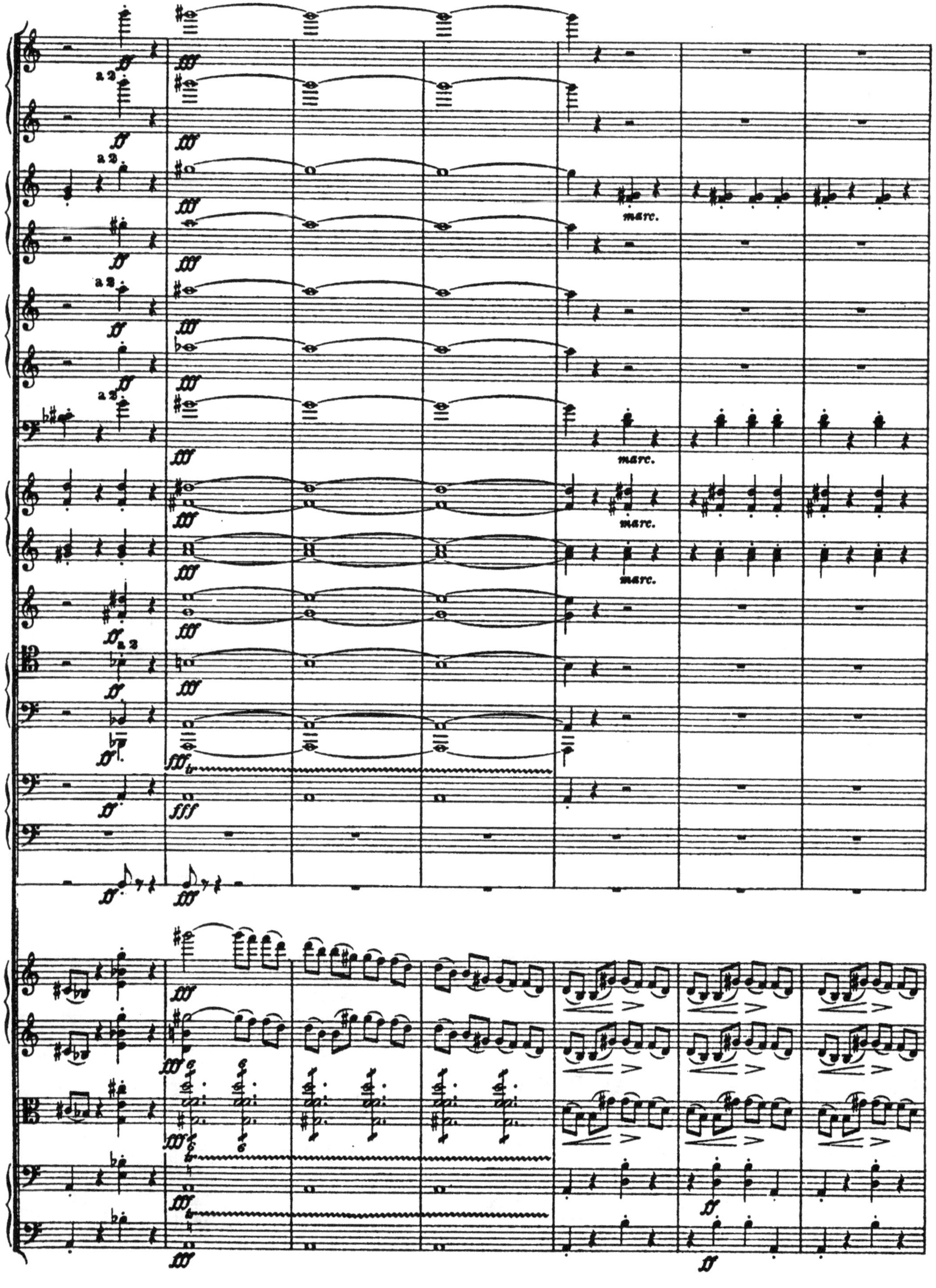
a 2
a 2
marc.
a 2
a 2
marc.
marc.
marc.
a 2

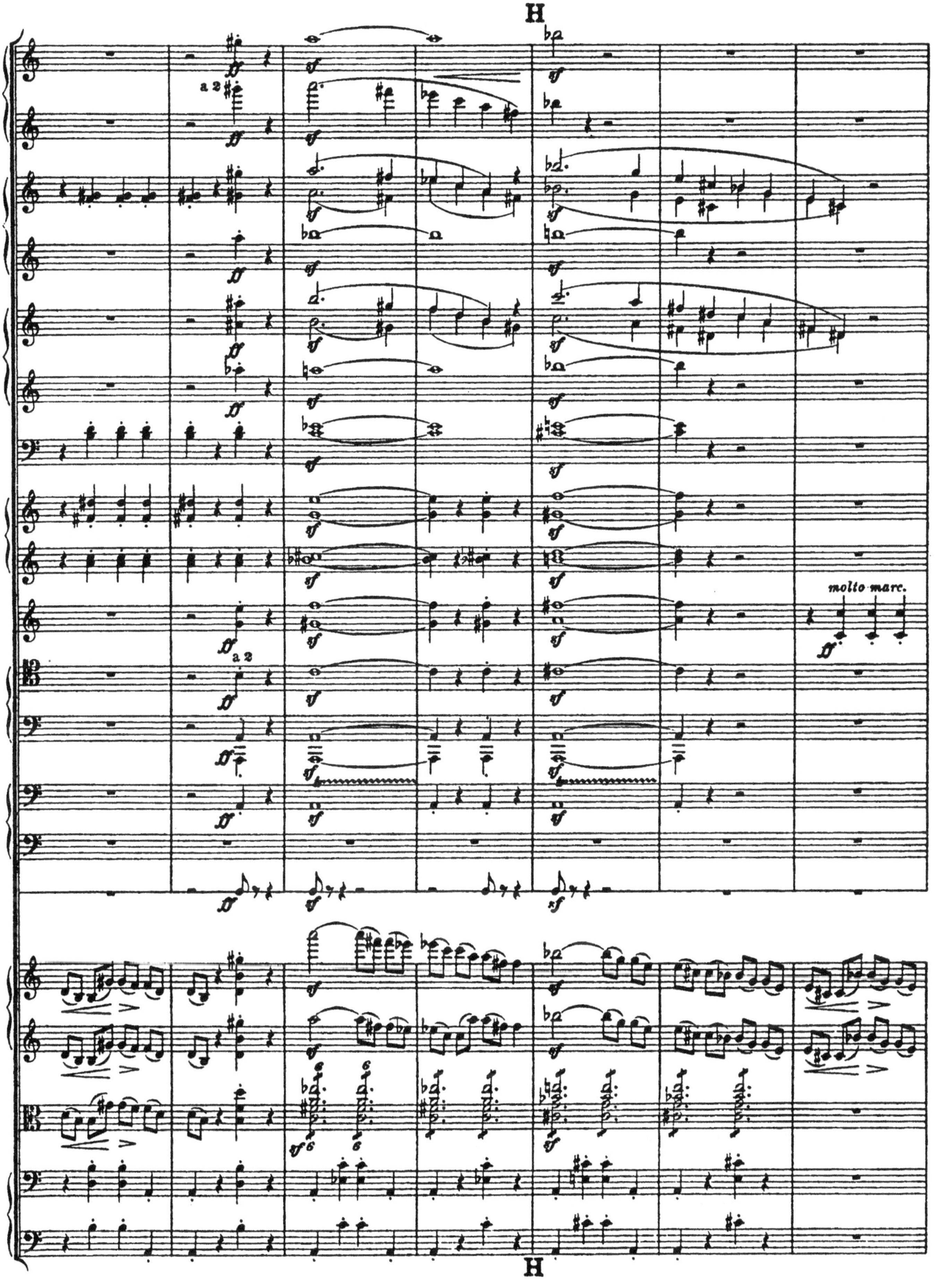
H
a 2
molto marc.
a 2
H

Tr.
Pos. u. Tuba.
sf
Pk.
sec.
non divisi
non divisi
Vcl. u. Kb.
I
Hob.
sempre ff
Klar.
sempre ff
Fag.
sempre ff
Hr.
sempre ff
sempre ff
Tr.
sempre ff
Pos. u. Tuba.
sempre ff
Pk.
sempre ff
sempre ff
sempre ff
sempre ff
sempre ff
I sempre ff

Kl. Fl.
a 2
Fl.
sempre ff
Hob. a 2
sempre ff
Engl. H.
sempre ff
Klar. a 2
sempre ff
Baßkl.
sempre ff
Fag.
sempre ff
Hr. sempre ff
sempre ff
Tr.
sempre ff
Pos. u. Tuba
ff
sempre ff
Pk. sempre ff
sempre ff
sempre ff
divisi
sempre ff
divisi
sempre ff
Vcl.
sempre ff
Kb.
sempre ff

J

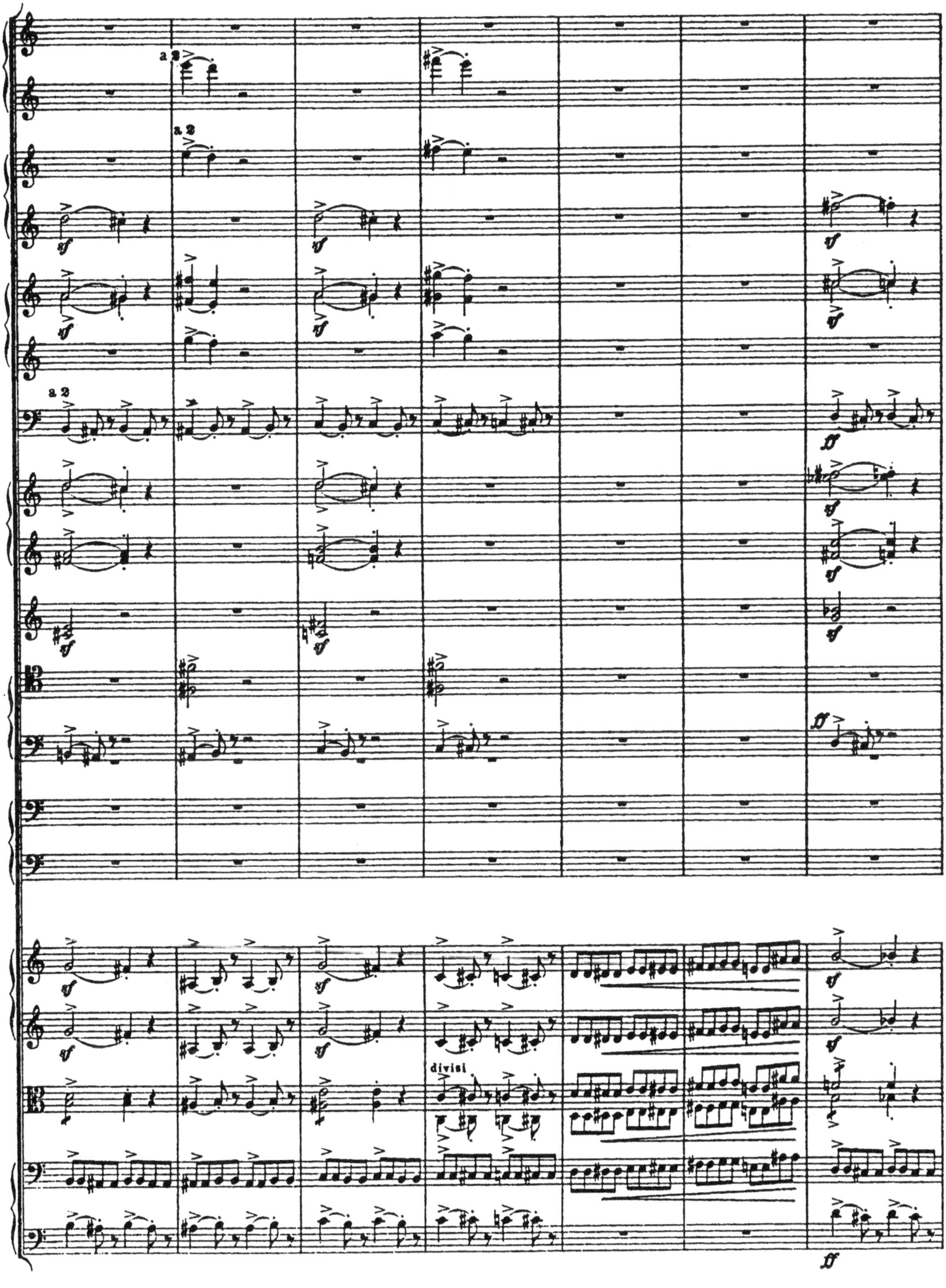
a 2
a 2
sf
a 2
ff
divisi

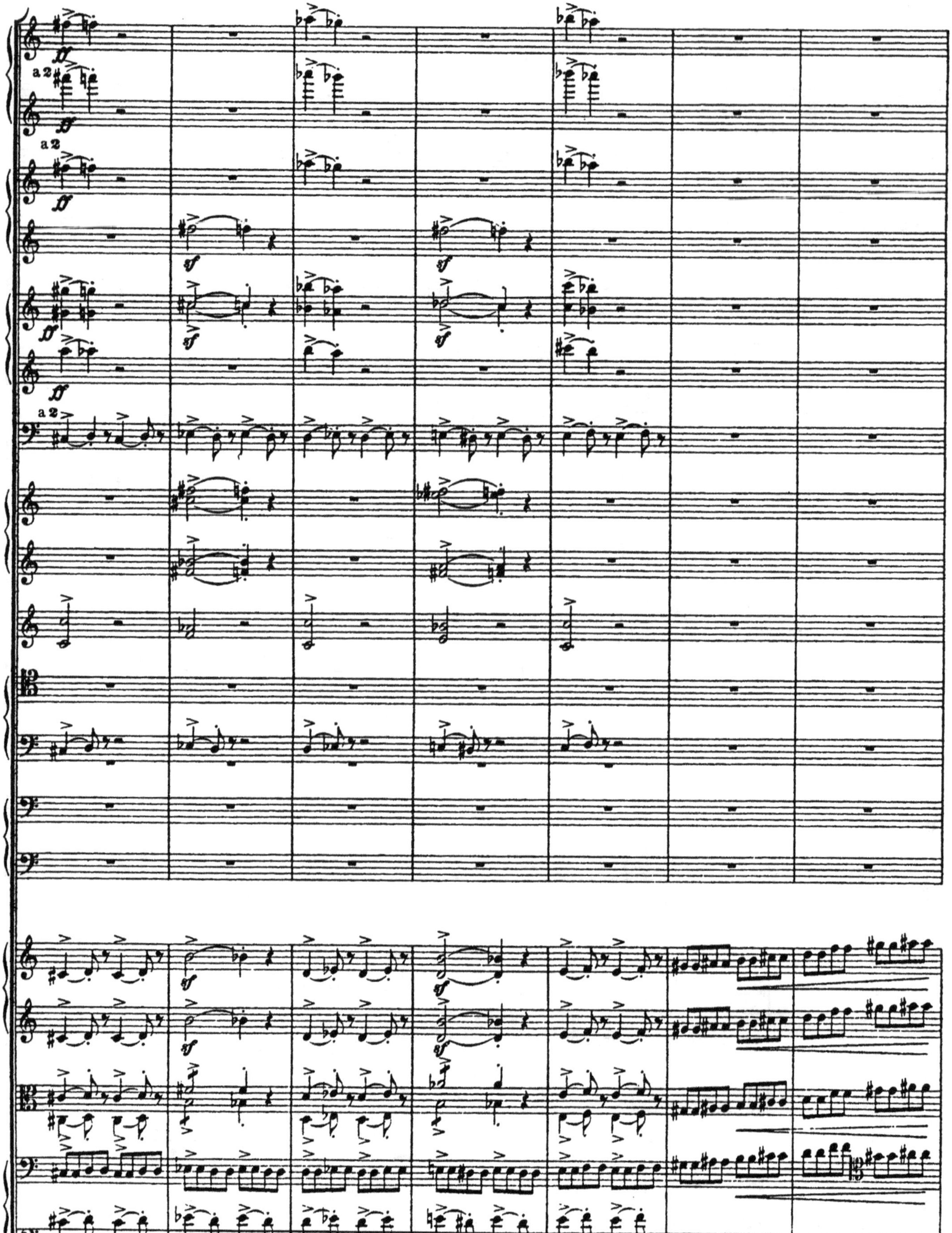
a 2
a 2
a 2

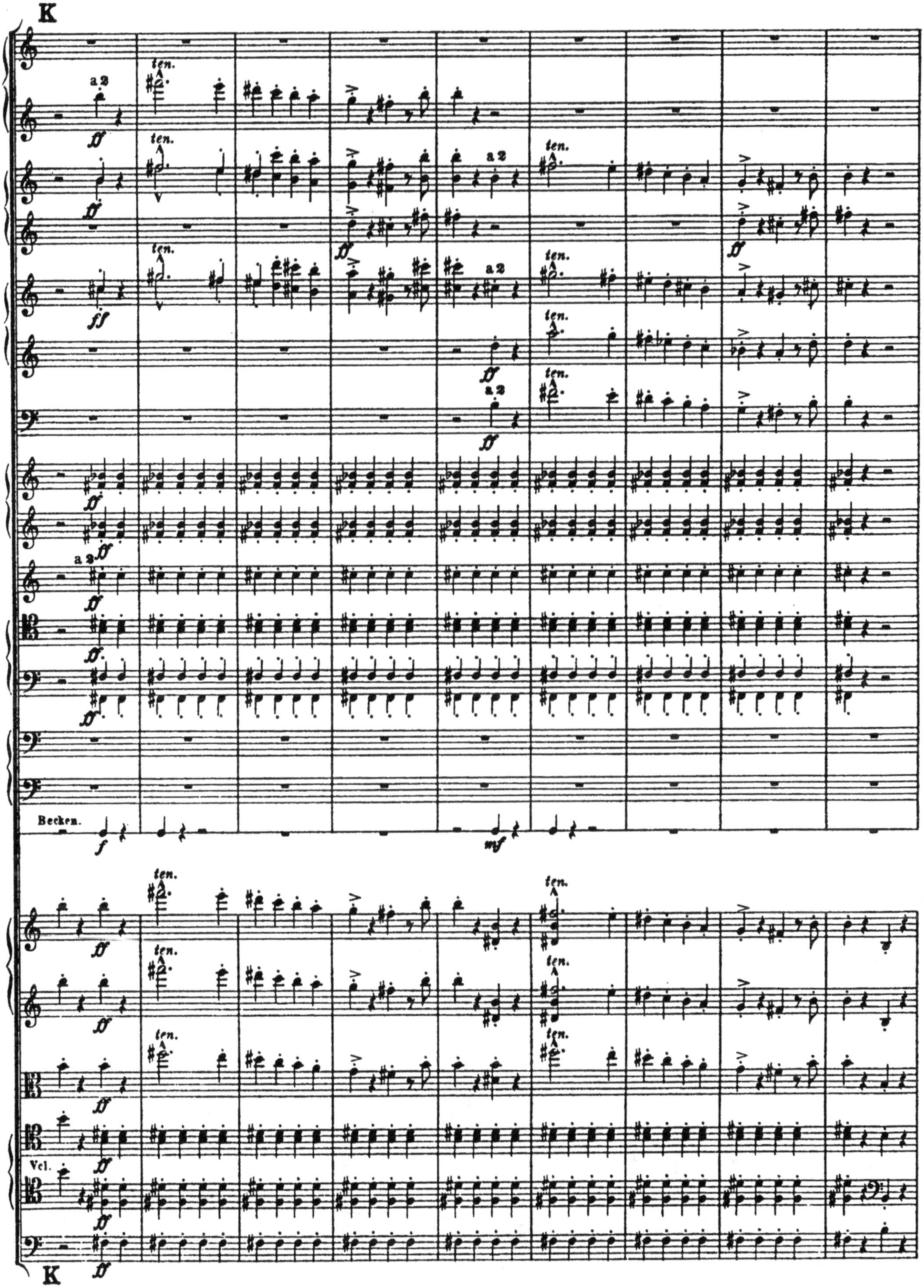
K
a 2
ten.
ff
Becken.
f
mf
Vcl.
K

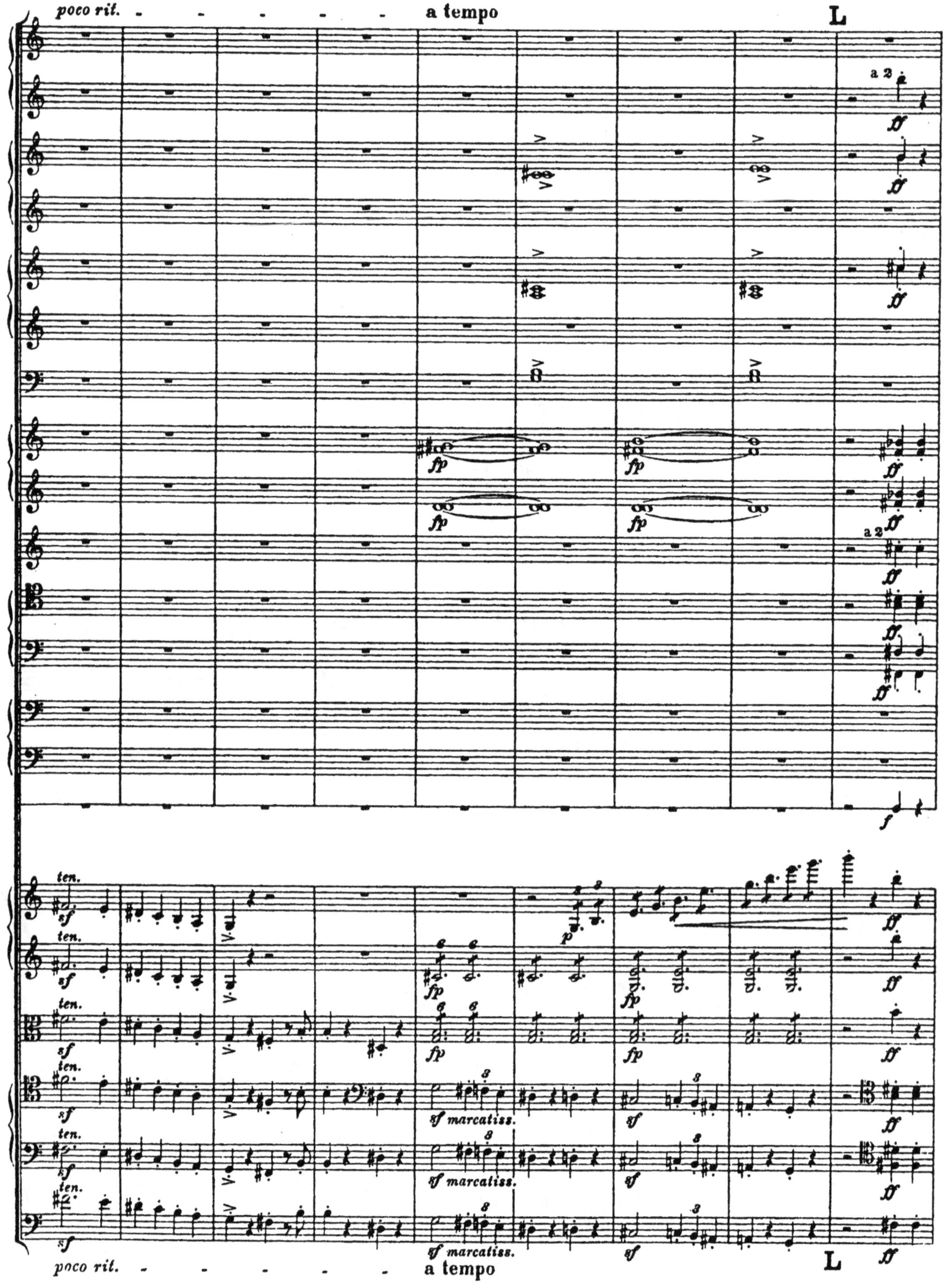
poco rit.
a tempo
L
a 2
ff
fp
ten.
sf
p
sf marcatiss.

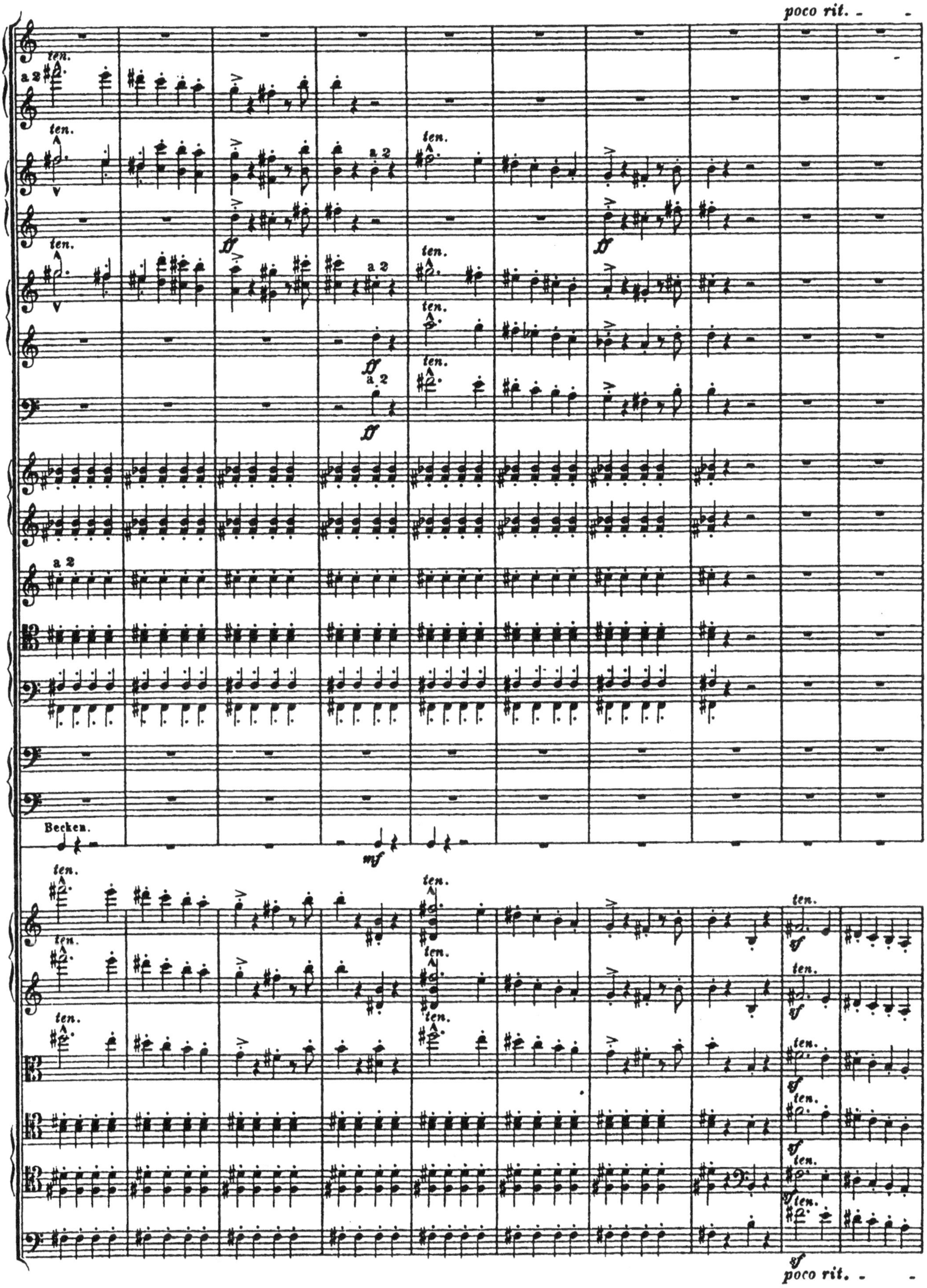
poco rit.
ten.
a 2
ff
Becken.
mf
sf
poco rit.

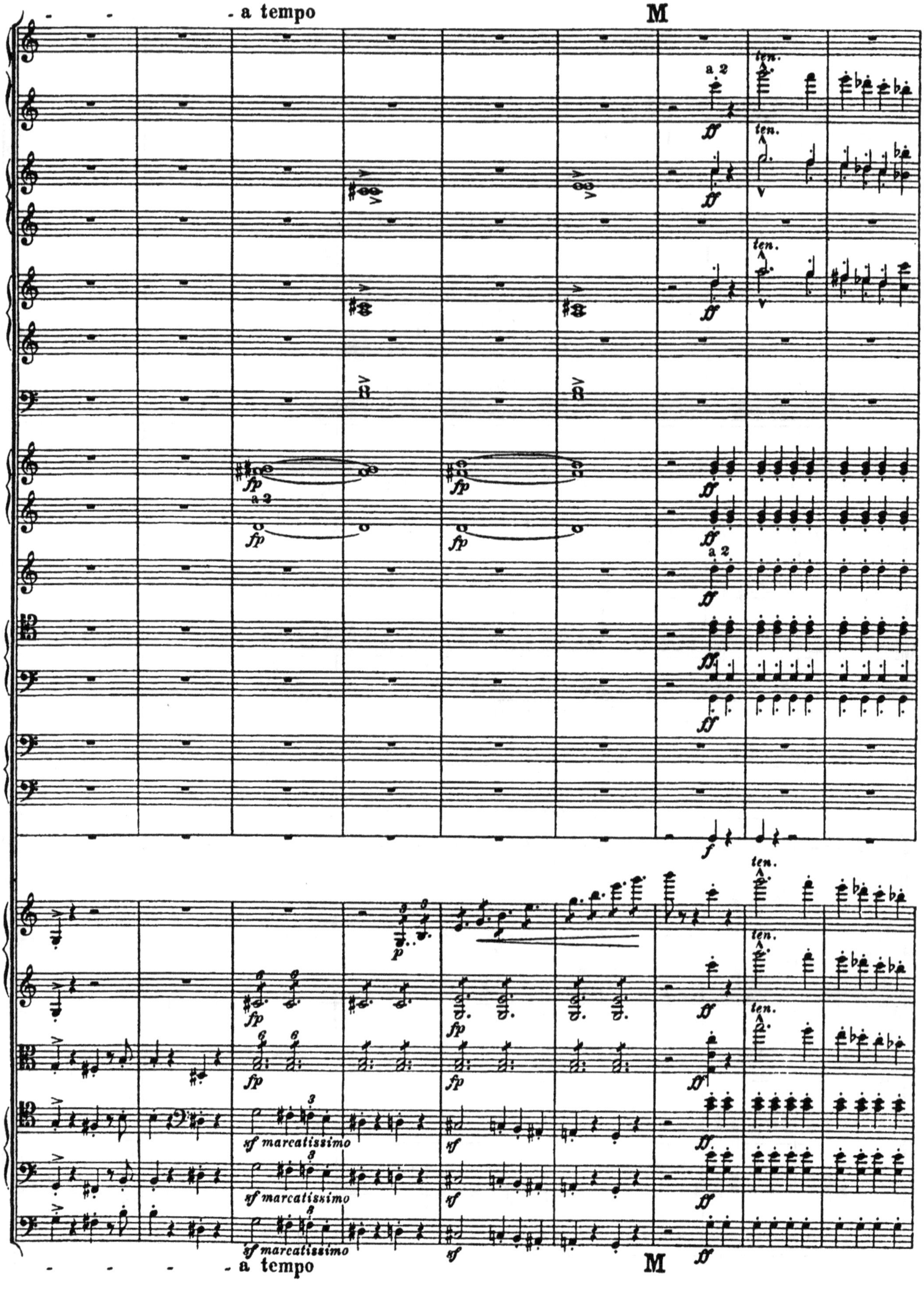
a tempo
M
a 2
ten.
ff
fp
f
p
sf marcatissimo
6
3

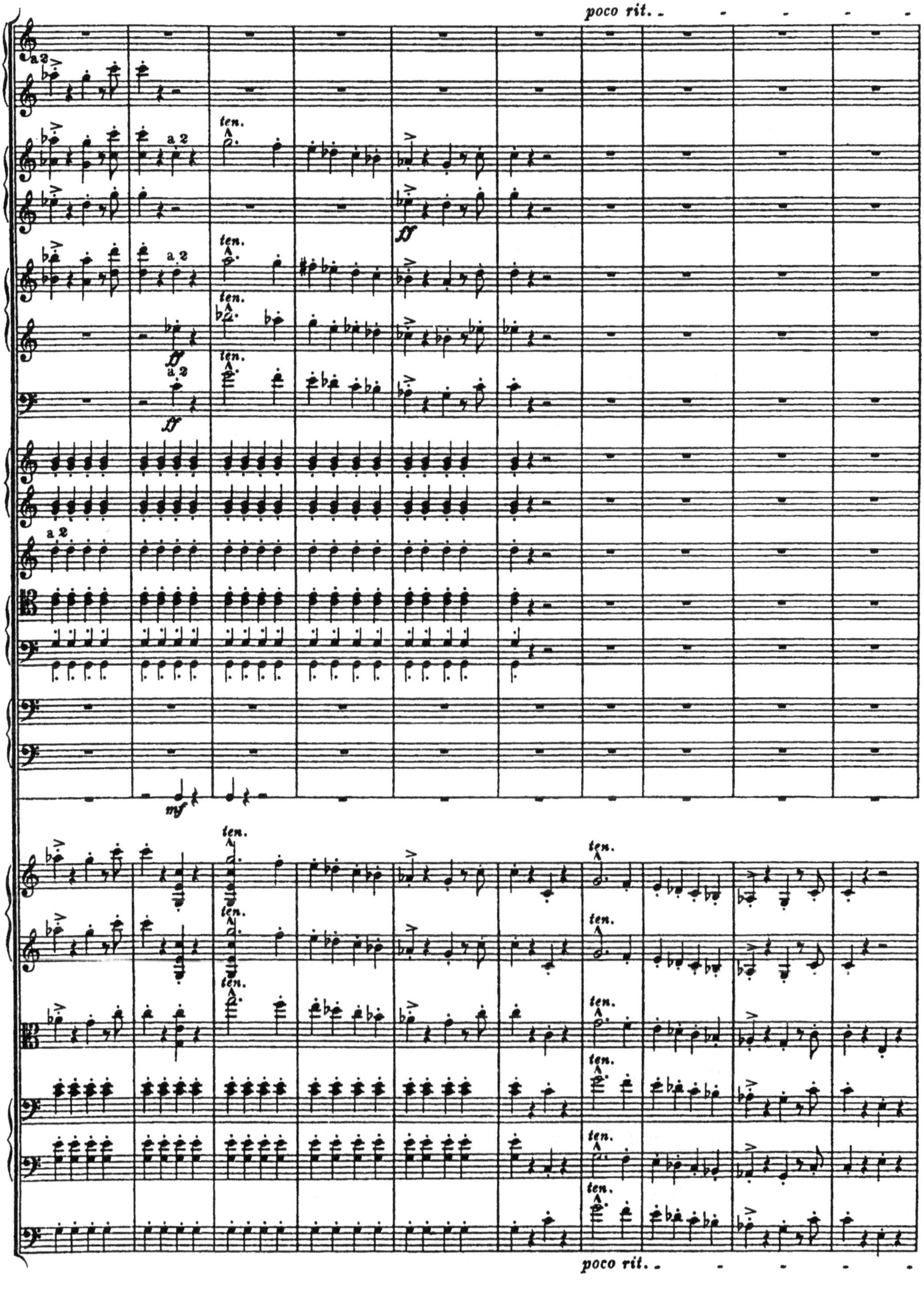
poco rit.
a 2
ten.
ff
mf
poco rit.

N
a tempo
Hob.
a 2
Klar.
Fag.
Hr.
fp
Vcl. u. Kb.
sf marcatissimo
N
a tempo
Hob.
a 2
Engl. H.
Klar.
Fag.
Hr.
Tr.
mf
fp

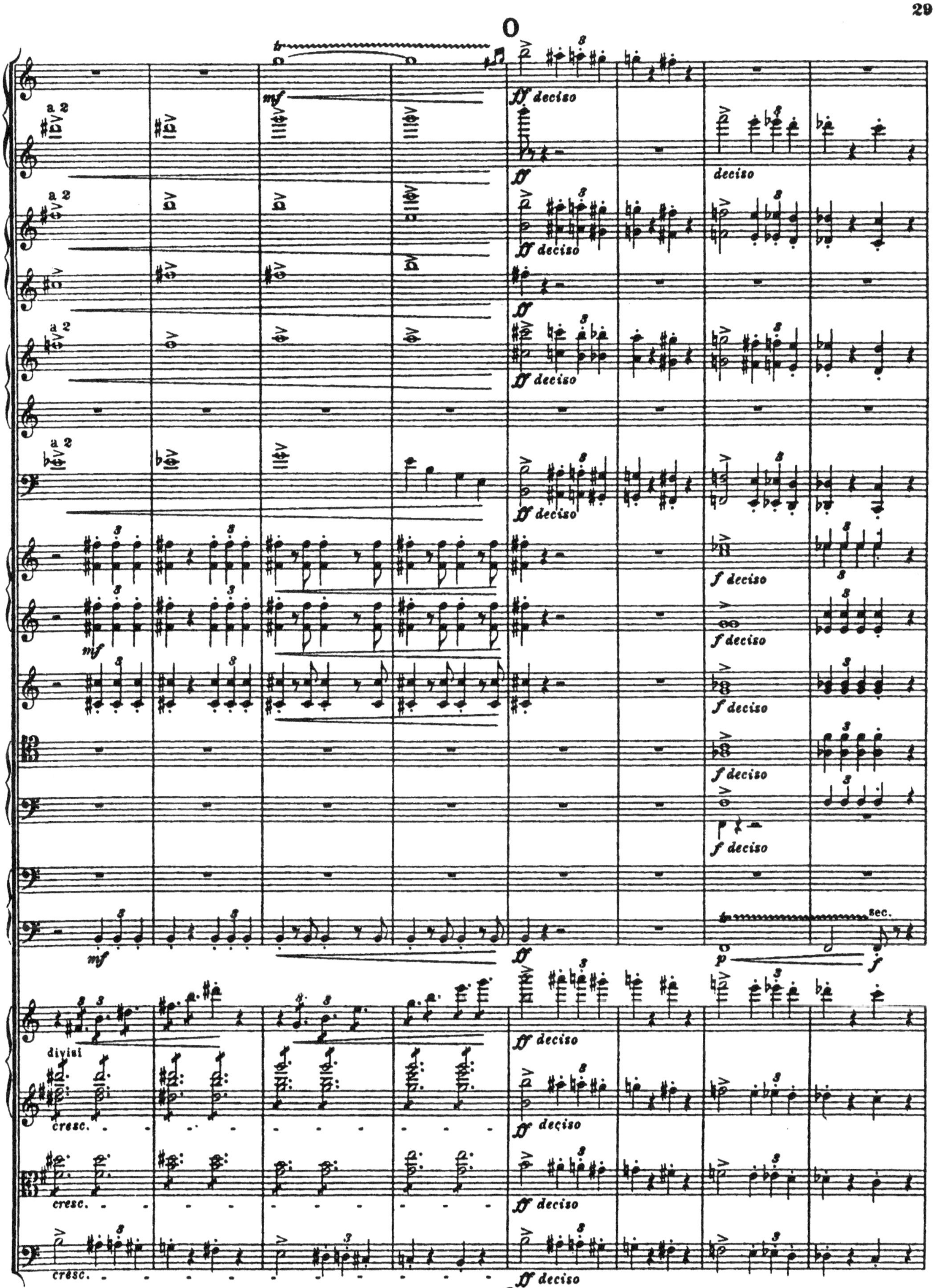
O
tr
mf
a 2
ff deciso
ff
deciso
f deciso
sec.
p
divisi
cresc.
O

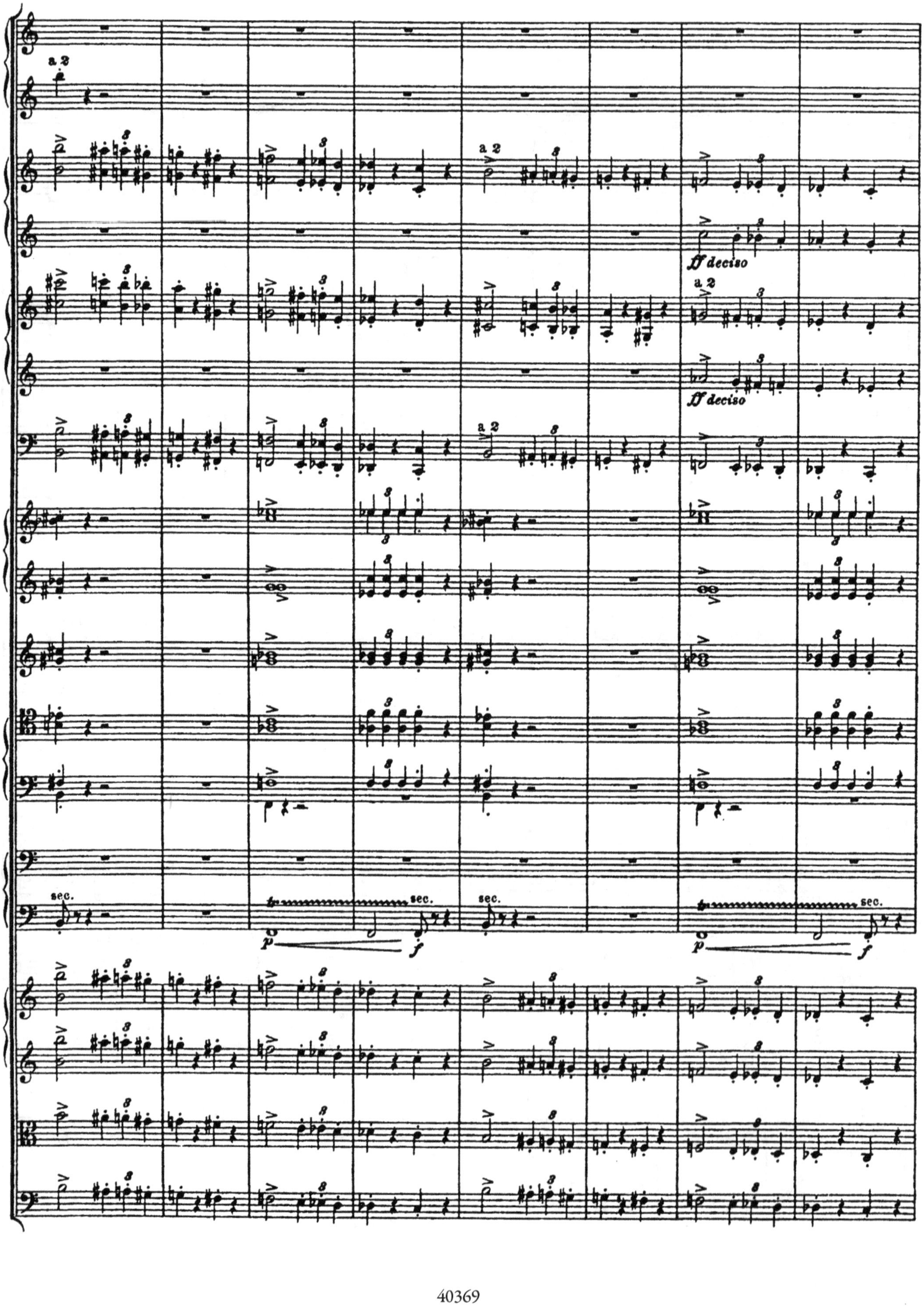
a 2
a 2
ff deciso
a 2
ff deciso
a 2
sec.
tr
sec.
sec.
tr
sec.
p
f
p
f

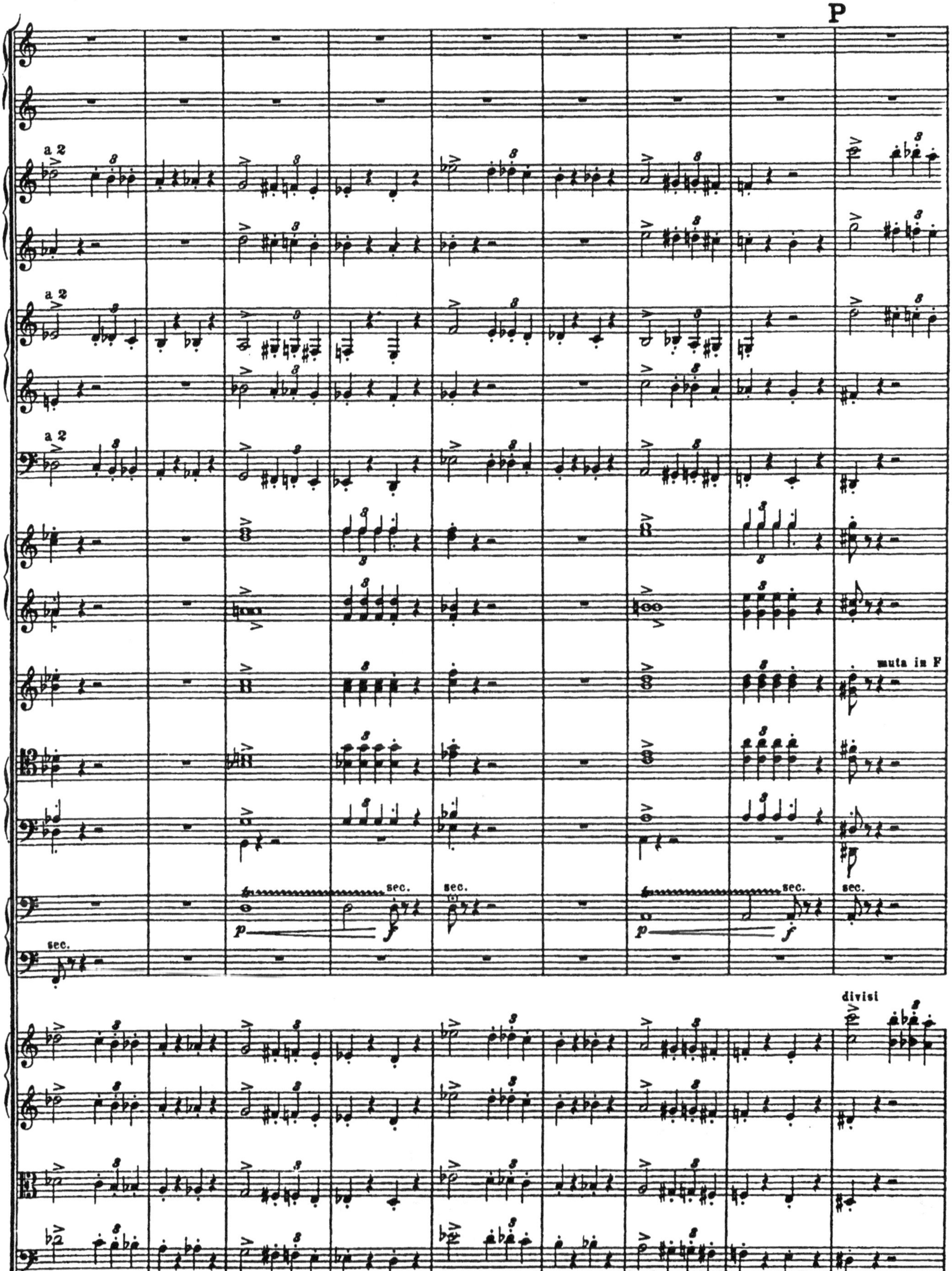
P
a 2
a 2
a 2
muta in F
sec.
sec.
sec.
sec.
sec.
p
f
p
f
divisi
P

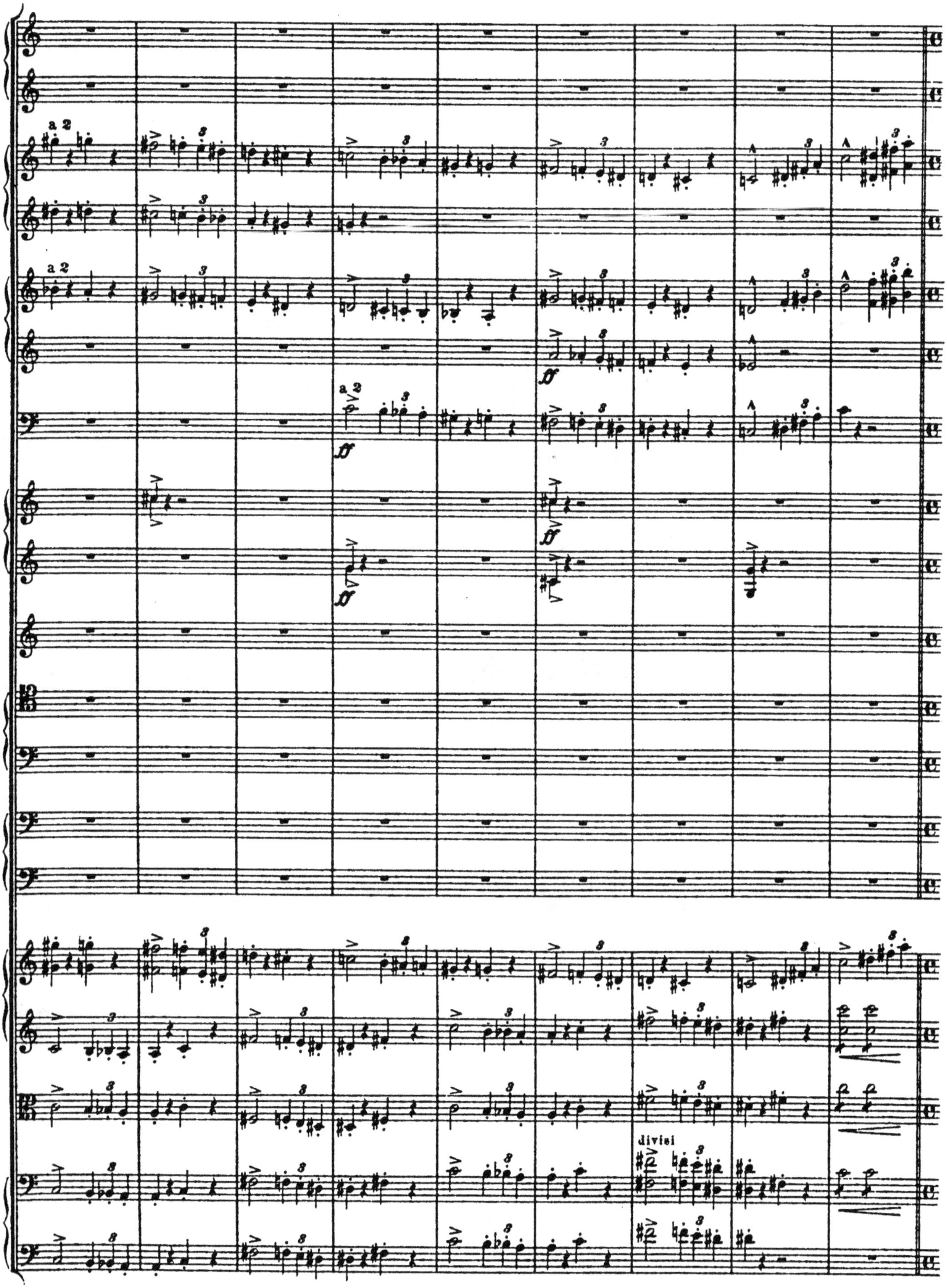
a 2
a 2
a 2
ff
ff
ff
ff
divisi

Q
Lento.
a 2
kurz
(sec.)
in F
La_scia_te og_ni spe_ran_za voi chen_tra_te. La_scia_te og_ni spe_ran_za voi chen
sec.
sempre
Lento.
Q

die Fagotte *ff*
(*Fagotti ff*)

trate.

die Tuba sehr markiert
(*Tuba molto marcato*)

mp. marcato

a 3

Die tiefere Stimme mehrfach besetzt.
(*The deeper voice in several parts.*)
(*La partie inférieure bien fournie (à plusieurs instr.*))
(*Az alsó szólamot több hangszerrel játszassuk.*)

poco ritenuto

40369

Quasi Andante, ma sempre un poco mosso.

Quasi Andante, ma sempre un poco mosso.

smorzando
smorzando
smorzando
p
p
smorzando
smorzando
Baßkl. in A.
Recit.
mf espressivo dolente
ritenuto
sf
smorz.
pp
diminuendo
pp
diminuendo
pp

Klar. in A.
p dolce teneramente
dim.
Fag.
p
p
p
p
p
Vel. u. Kb.
S
S
Fl.
p
Klar.
Fag.
pp
mit Dämpfer (con sord.)
p
Hr.
mit Dämpfer (con sord.)
p
glissando
f
Harfe.
Pfte.
due Pedali
f
8
molto legato
molto legato
trem.
p
trem.
p
pizz.
P senza agitazione

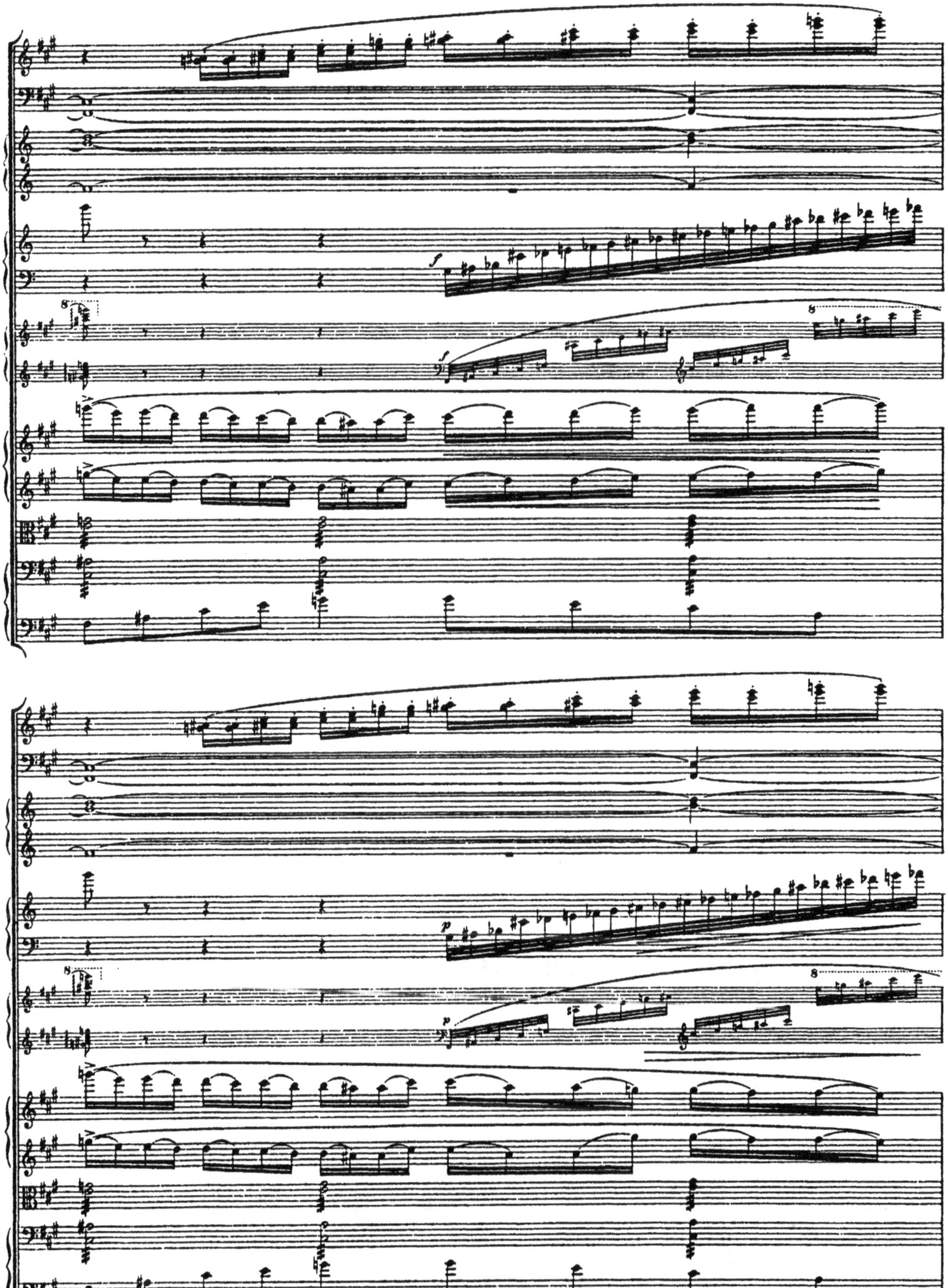

Fag.
smorzando
smorzando
Hr.
smorzando
Harfe.
8
Pfte.
dim.
dim.
pp
pp
smorz.
smorz.
Klar.
Recit.
Baßkl.
mf espressivo dolente
ritenuto
rinforzando
smorz.
pp
Fl.
pp
pp
Klar.
pp dolce teneramente
Fag.
pp dolce
pp
p
p
Vcl. u. Kb.

T
Fl.
dimin.
Engl.H.
Nes
mf espress. molto
Harfe.
p
poco agitato egualmente
Vcl.
pizz.
p
T
Engl.H.
sun mag - - - gior do - lo - - - - - - - - re
Harfe.
che ri - - - cor - - - dar - - - - - - - - - si del
tem - - - - - - - po fe - - - li - - - - - - - - - - - - -
sf
rinf.
Br.
pizz.
p
Vcl.
pizz.
p
Kb.
pizz.
p

Hob.
dolente
Engl. H.
ce
nel - - - - la mi - - -
Fl.
Hob. a 2
se
E.H.
ri
Baßkl.
cresc.
arco
arco

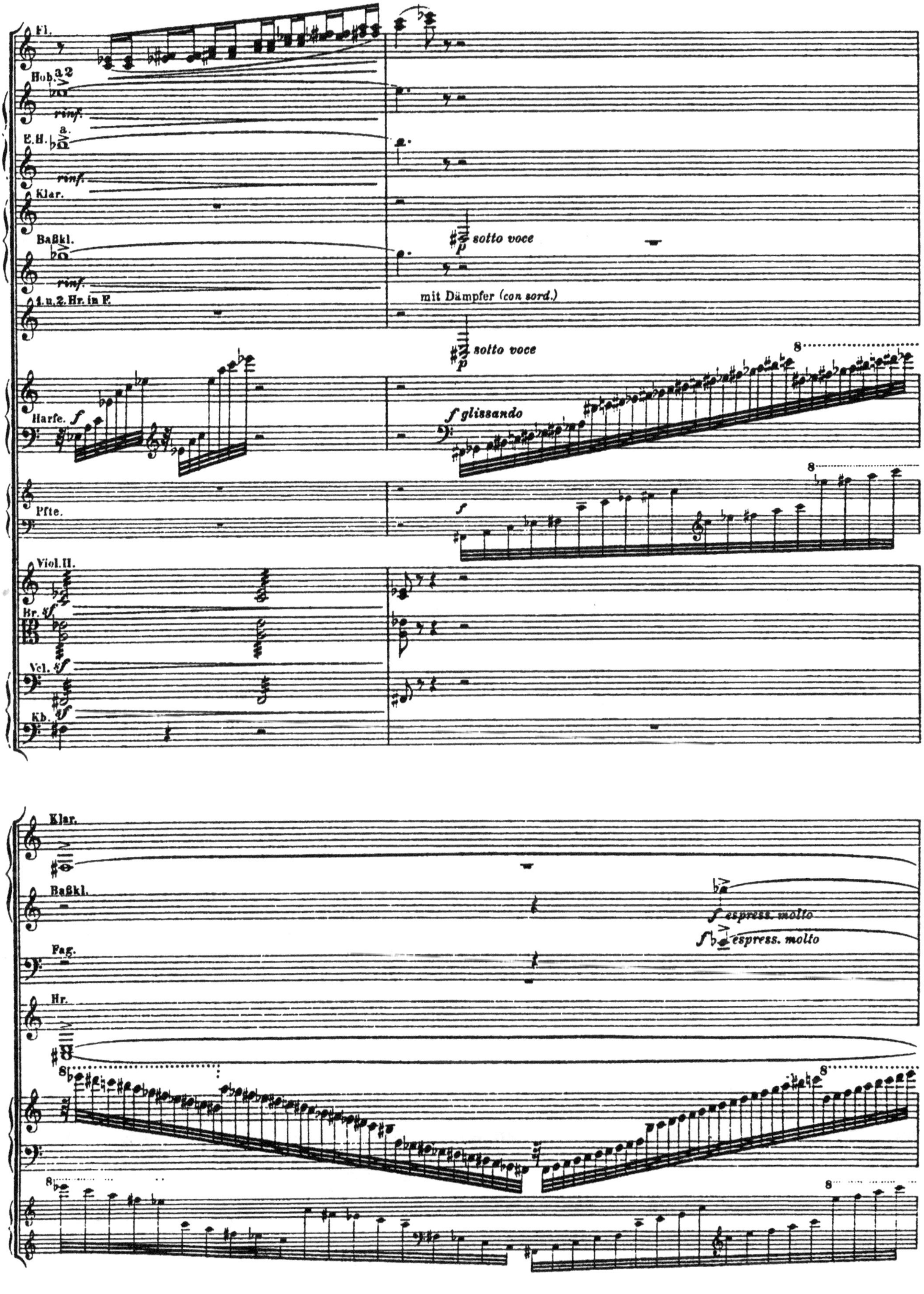
Fl.
Hob. a 2
rinf.
E.H. a.
rinf.
Klar.
Baßkl.
rinf.
sotto voce
1. u. 2. Hr. in F.
mit Dämpfer (con sord.)
sotto voce
Harfe.
f glissando
Pfte.
Viol. II.
Br.
Vcl.
Kb.
Klar.
Baßkl.
f espress. molto
f espress. molto
Fag.
Hr.

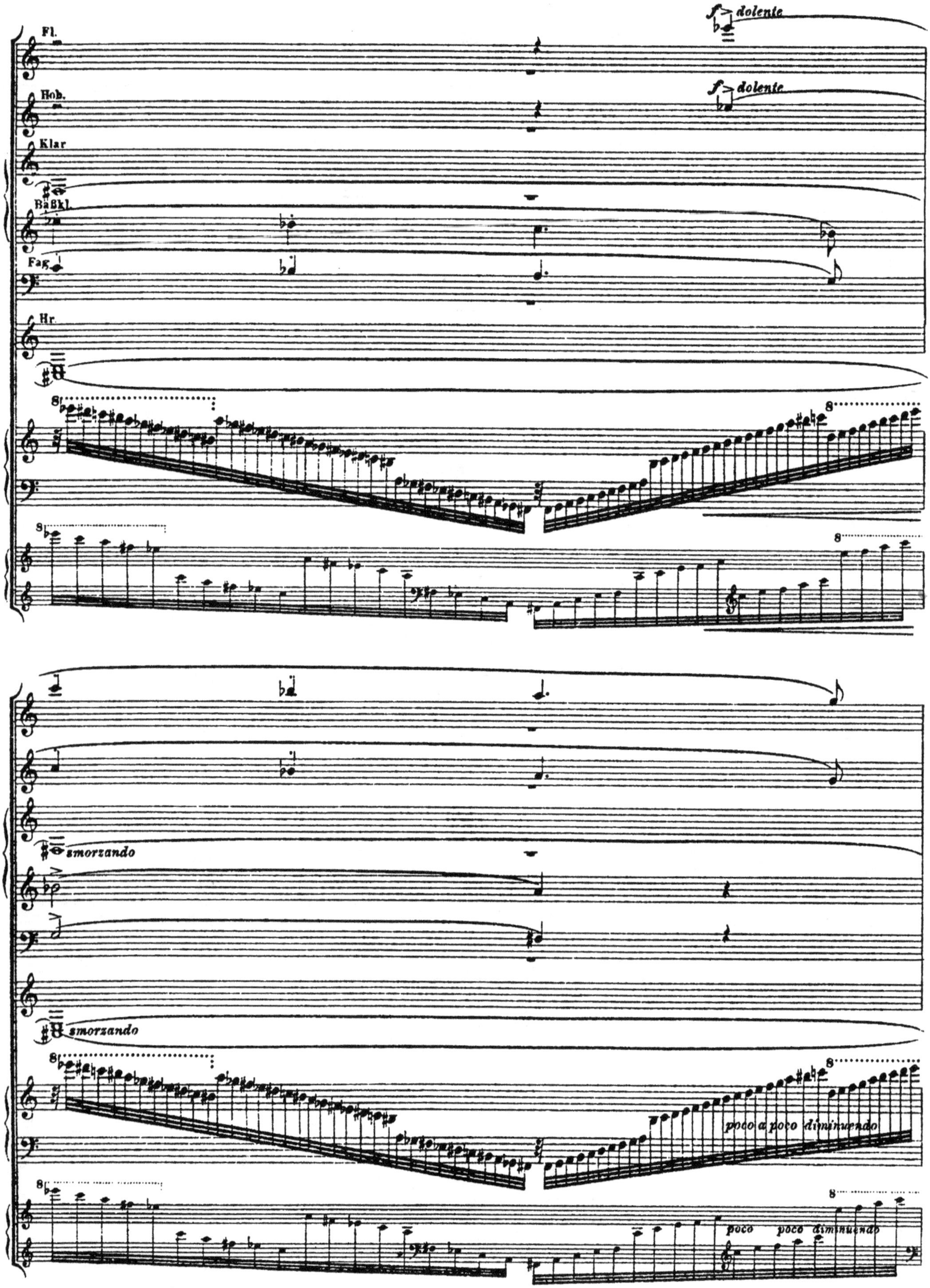

Fl.
Hob.
Klar
Baßkl.
Fag.
Hr.
f dolente
f dolente
smorzando
smorzando
poco a poco diminuendo
poco poco diminuendo

pp
ppp
R
U
Fl.
sf
Hob.
Klar.
Baßkl.
sf dim.
gestopft (stopped)
(bouché) (tömöt kürt)
dim.
p
Hr.
Viol.
Br.
Vcl.
dolce teneramente
Kb.
pizz.

Fl.
Hob.
Klar.
Fag.
p
pizz.
(p)
Klar.
poco ritenuto
rallentando
pp
grazioso
dimin.
poco ritenuto
rallentando

V Andante amoroso. Tempo rubato.

V Andante amoroso. Tempo rubato.

NB. Die Bratschen sehr rein, gleichmäßig und zart.
(The violas very pure, equal and tender.)
(L'alto très juste, avec une sonorité douce et égale.)
(A mélyhegedü nagyon tisztán, egyenletes és gyöngéd hanggal játsszék.)

48

40369

cresc.
rinf.
f
molto cresc.
cresc. e molto appassionato
espress.

poco rall.
W a tempo
p dolce appassionato
2 Soli (senza sord.)
2 Soli (senza sord.)
espress.
2 Soli
(senza sord.)
molto espress.
pizz.
poco rall.
W a tempo

p
mf
dolce
p
p
p
Alle
(Tutti)
2 Soli
Alle
(Tutti)
2 Soli
p
Alle
(Tutti)
2 Soli

rinf.
cresc.
rinf.
rinf.
rinf.
cresc.
rinf.
cresc.
rinf.
rinf.
mf
più f
p
Alle
(Tutti)
cresc.
rinf.
Alle
(Tutti)
cresc.
rinf.
cresc.
Alle
(Tutti)
cresc.
rinf.
arco
cresc.
rinf.

rinf. molto
rinf. molto
rinf. molto
espress. ma non troppo f
rinf. molto
espress. ma non troppo f
rinf. molto
p
rinf. molto
rinf. molto
appassionato
rinf. molto
rinf. molto

rinf.
f
rinf.
f
rinf.
f
rinf.
rinf.
rinf.
f
rinf.
f
con somma passione
con somma passione
(rinf.)
espress.
espress.
(rinf.)

Hob
Klar.
Fag.
Hr.
X
Solo
espress.
die übrigen (the other)
(les autres) (a többi)
X
Hob.
un poco rit.
Più ritenuto.
Klar.
Fag.
gestopft (stopped)
(bouché) (tömött kürt)
1. u. 2. Hr.
marc. dolente
La - scia te o-gni spe-ran - za voi ch'en - tra - -
pizz.
arco
a 3 divisi
pizz.
un poco rit.
Più ritenuto.

NB. In Ermangelung der Harfe soll dieses Arpeggio nicht vom Pianoforte ausgeführt, sondern nach einer langen ⌢ gleich zum Tempo I Allegro überge-
gangen werden.
(In the absence of a harp this arpeggio is not to be played on the pianoforte, but one is to proceed, after a long ⌢, immediately to Tempo I Allegro.)
(Au cas où il n'y aurait pas de harpe, cet arpeggio ne sera pas exécuté au piano. On passera simplement, après un long ⌢, au Tempo I Allegro.)
(Ha nincs hárfa, ezt a futamot ne játszassuk zongorán, hanem hosszu ⌢ után térjünk át a Tempo I Allegro-ra.)

NB. Diese ganze Stelle als ein jästerndes Hohngelächter aufgefaßt, sehr scharf markiert in den beiden Klarinetten und den Violen.
(*This entire passage is intended to be a blasphemous mocking laughter, very sharply accentuated in the two clarinets and the violas.*)
(*Tout ce passage est une sorte de rire moqueur et sacrilège. Les deux clarinettes et l'alto très en dehors.*)
(*Ezt a részt mint szentségtörő gúnyos kacagást kell értelmezni. A 2 klar. és mélyhegedű éles marcato-val lépjen előtérbe.*)

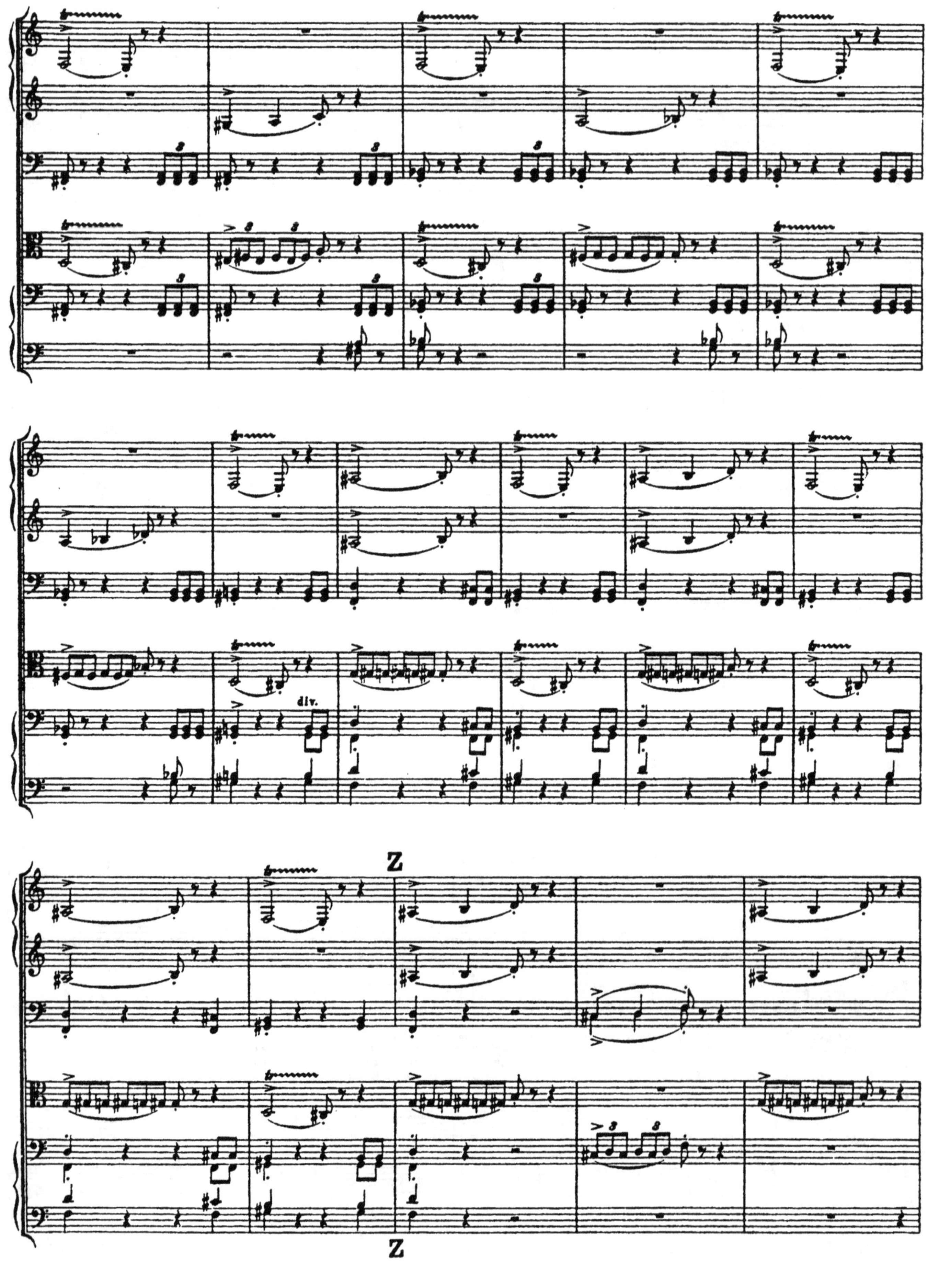
div.
Z
Z

1. u. 2. Klar.
mf marc.
f marc.
mf marc. stacc.
Fag.
gestopft (stopped)
(bouché) (tömött kürt)
1. u. 2. Hr.
Aa
Hob.
Klar.
sempre stacc.
Fag.
sempre stacc.
nicht gestopft (not stopped)
(non bouché) (nem tömve)
Hr.
Viol.
mf marc.
mf marc.
Aa

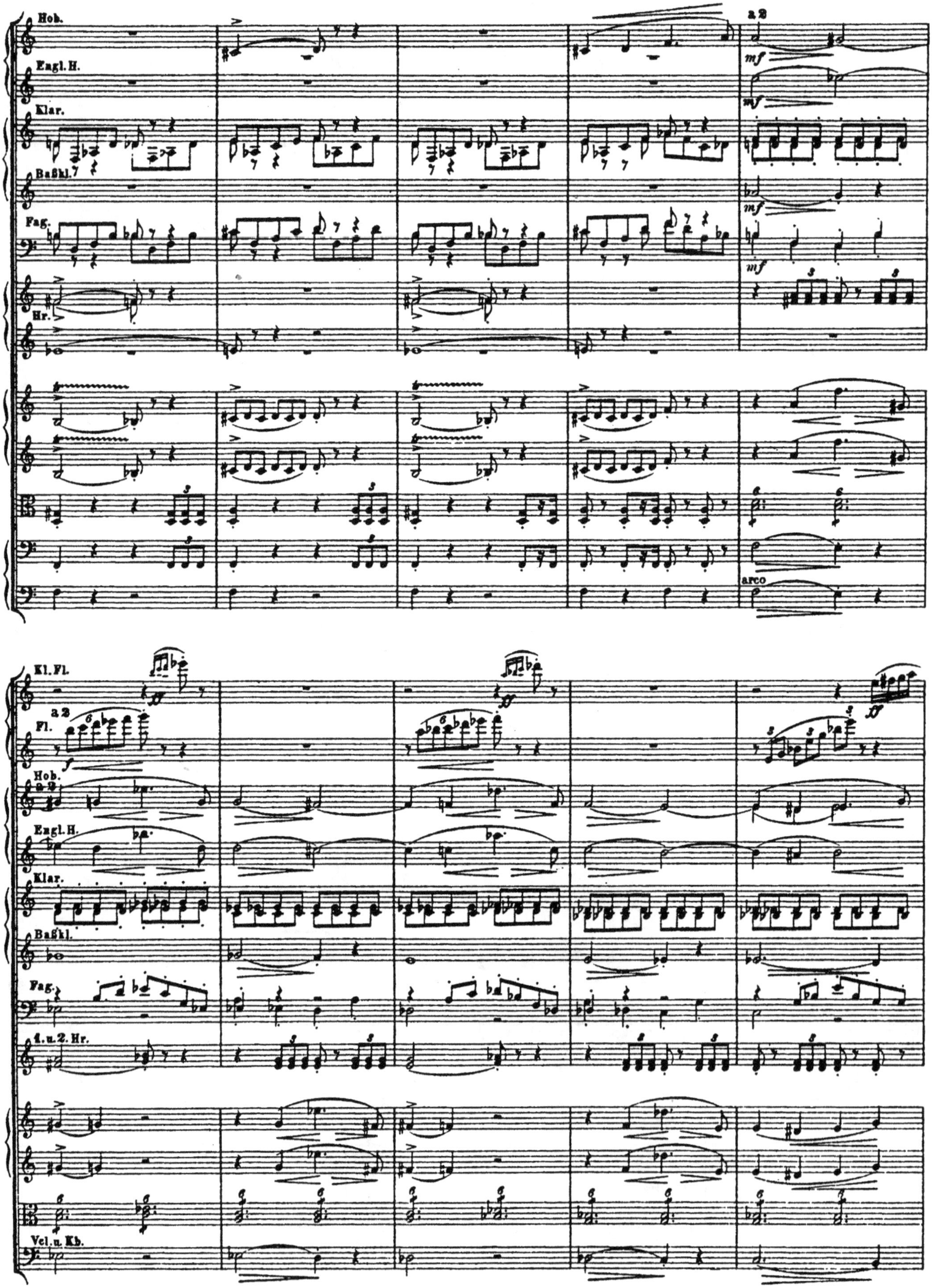
Hob.
Engl. H.
Klar.
Baßkl.
Fag.
Hr.
a 2
mf
arco
Kl. Fl.
Fl.
1. u. 2. Hr.
Vel. u. Kb.

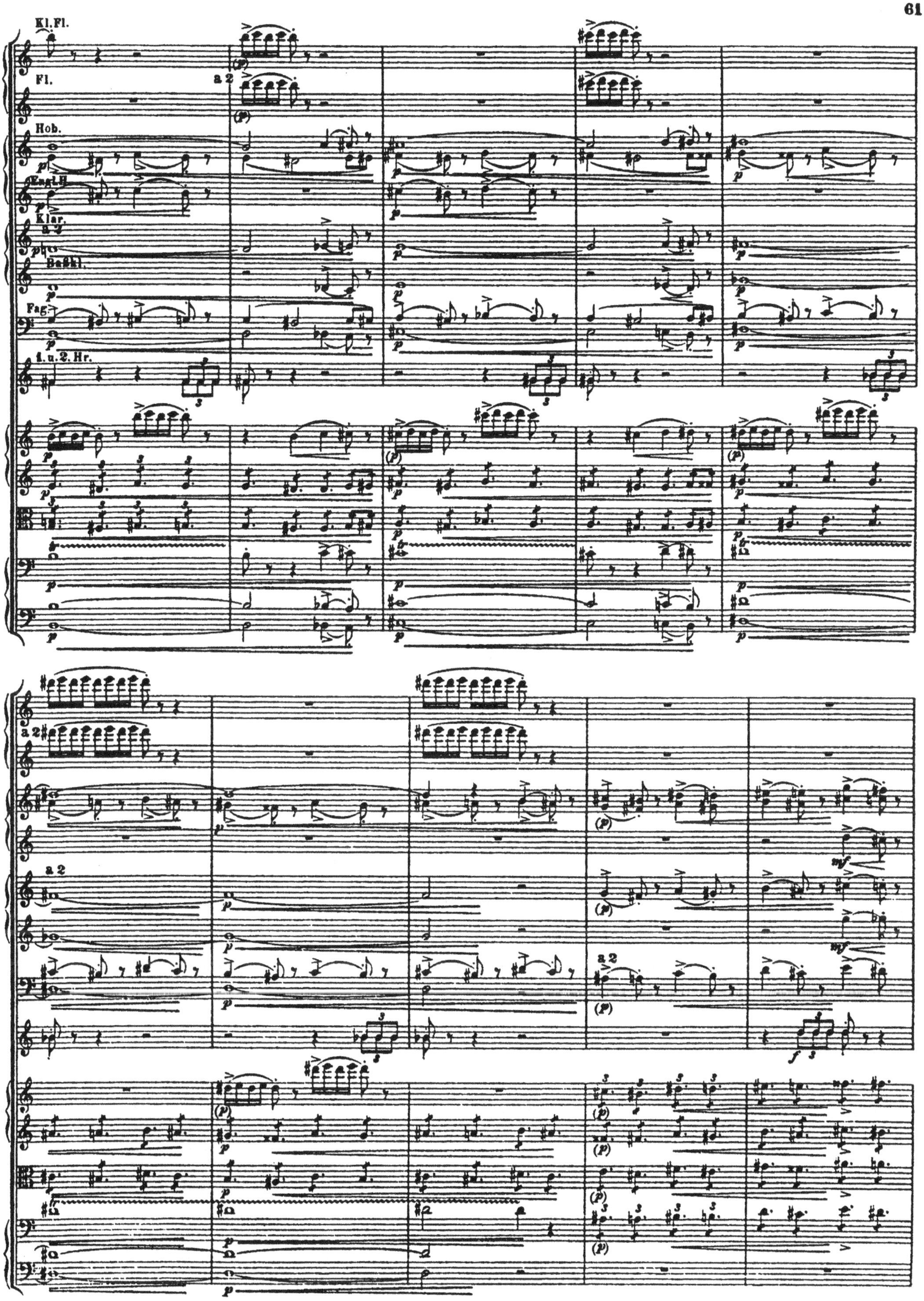
Kl.Fl.
Fl.
a 2
Hob.
Engl.H.
Klar.
a 2
Baßkl.
Fag.
1. u. 2. Hr.

poco a poco accelerando

molto cresc.

f molto cresc.

a 2

molto cresc.

f molto cresc.

a 2

molto cresc.

a 2

f

molto cresc.

molto cresc.

molto cresc.

molto cresc.

poco a poco accelerando

Più mosso,
Bb

(wie früher Buchstabe F.)
(as before letter F.)
(comme précédemment à la lettre F.)
(mint fennebb F betünél.)

Bb
Più mosso,
(wie früher Buchstabe F.)
(as before letter F.)
(comme précédemment à la lettre F.)
(mint fennebb F betünél.)

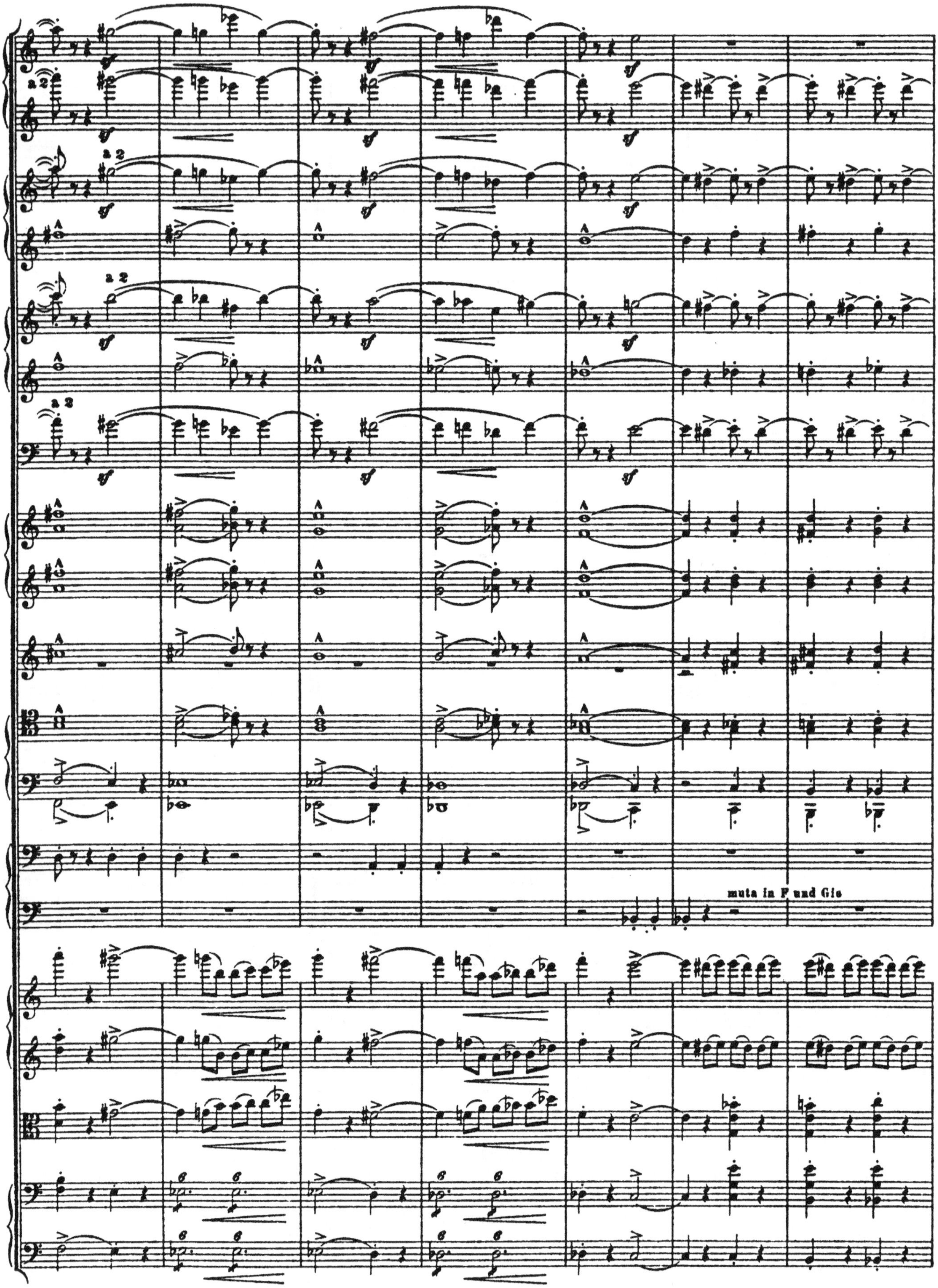
a 2
a 2
a 2
a 2
muta in F und Gis

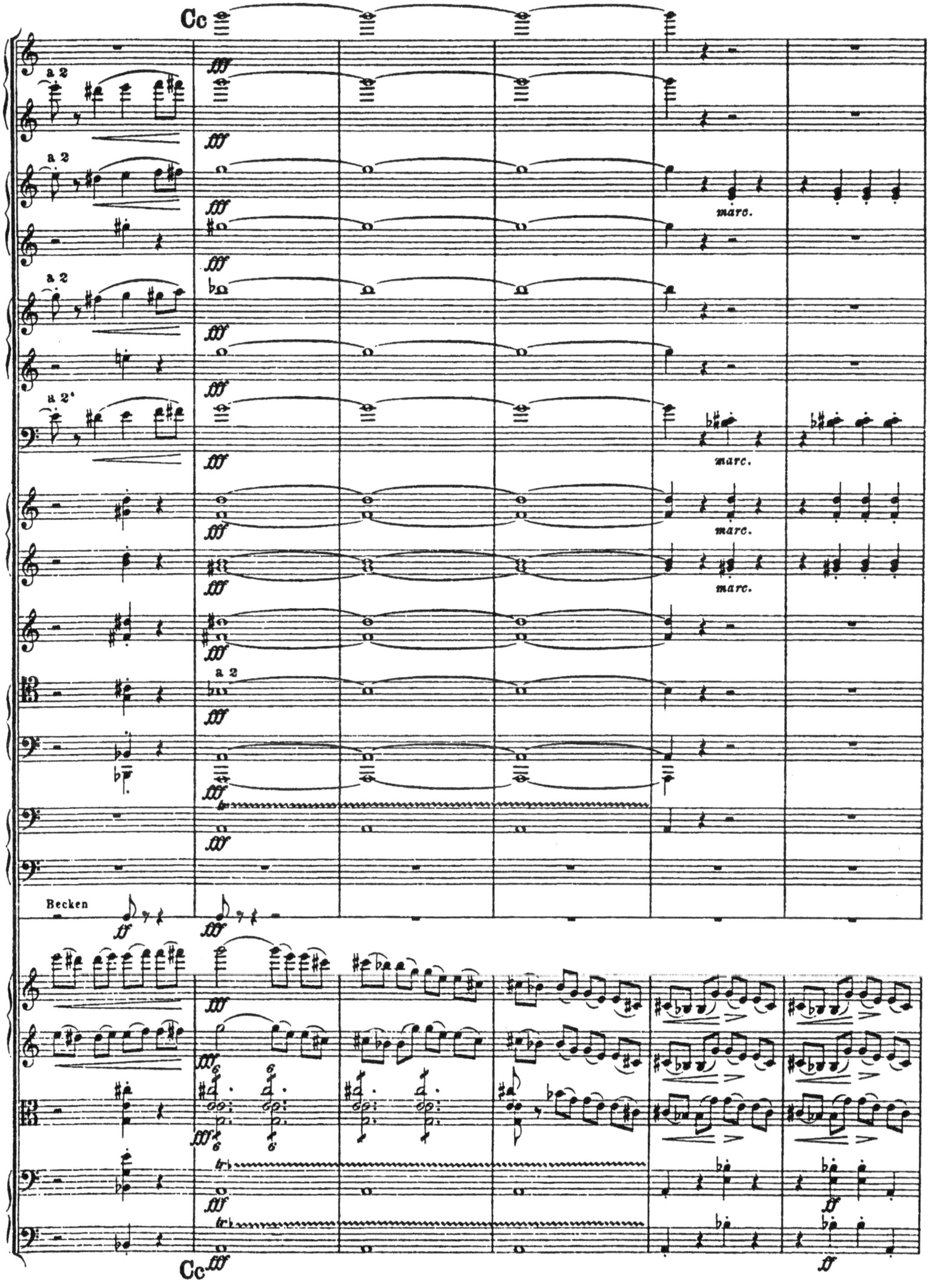
Cc
a 2
fff
marc.
a 2°
Becken
ff
6
tr

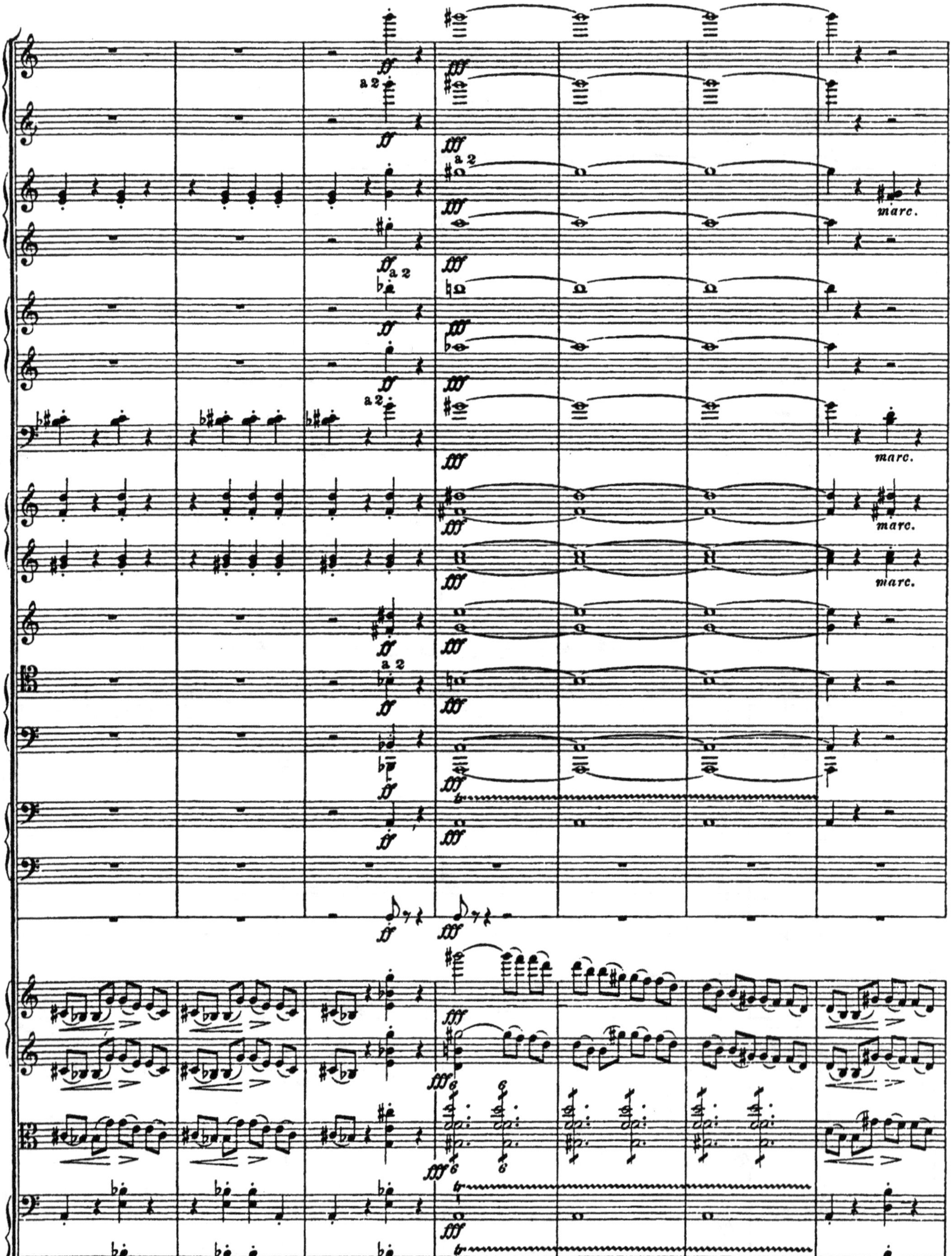
a 2
marc.
tr

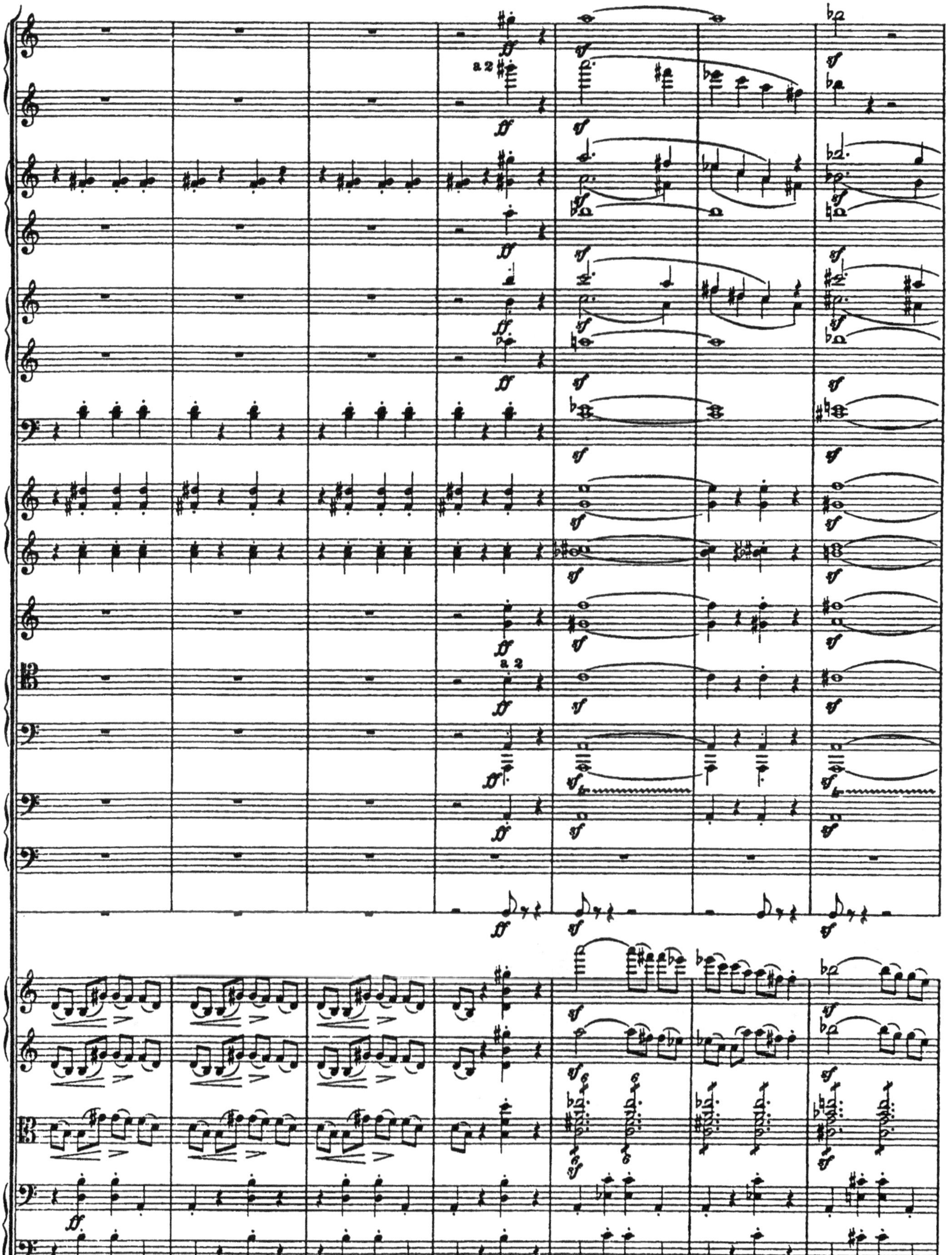
a 2
a 2

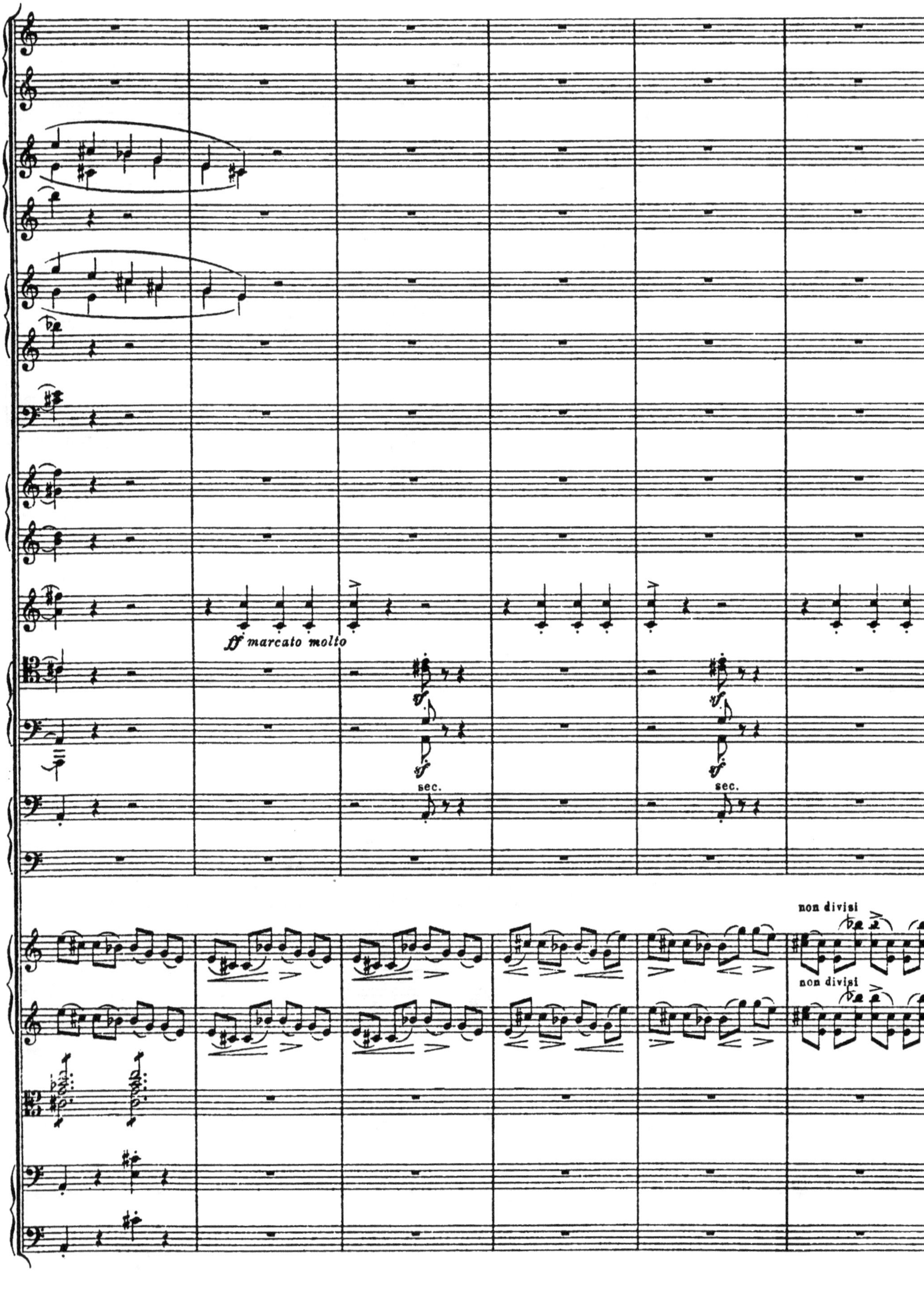

Dd
sempre ff
sempre ff
sempre ff
sempre ff
sempre ff
sempre ff
sempre ff
sempre ff
sempre ff
sempre ff
sempre ff
sempre ff
sempre ff
Dd

a 2
sempre ff
a 2
sempre ff
sempre ff
a 2
sempre ff
sempre ff
sempre ff
sempre ff
sempre ff
sempre ff
sempre ff
sempre ff
sempre ff
sempre ff
sempre ff
divisi
divisi
sempre ff
sempre ff
sempre ff

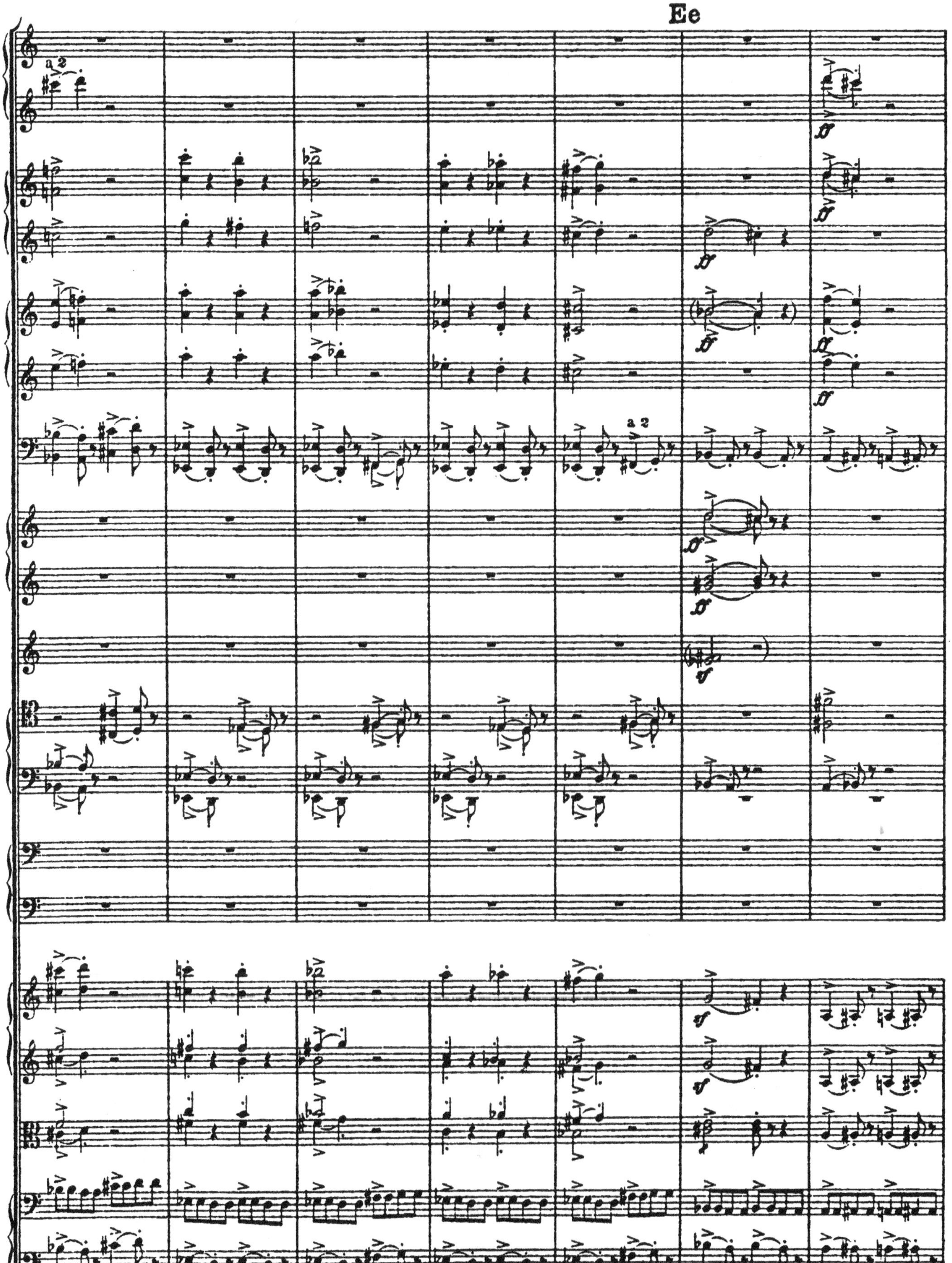
Ee
a 2
ff
sf
a 2
Ee

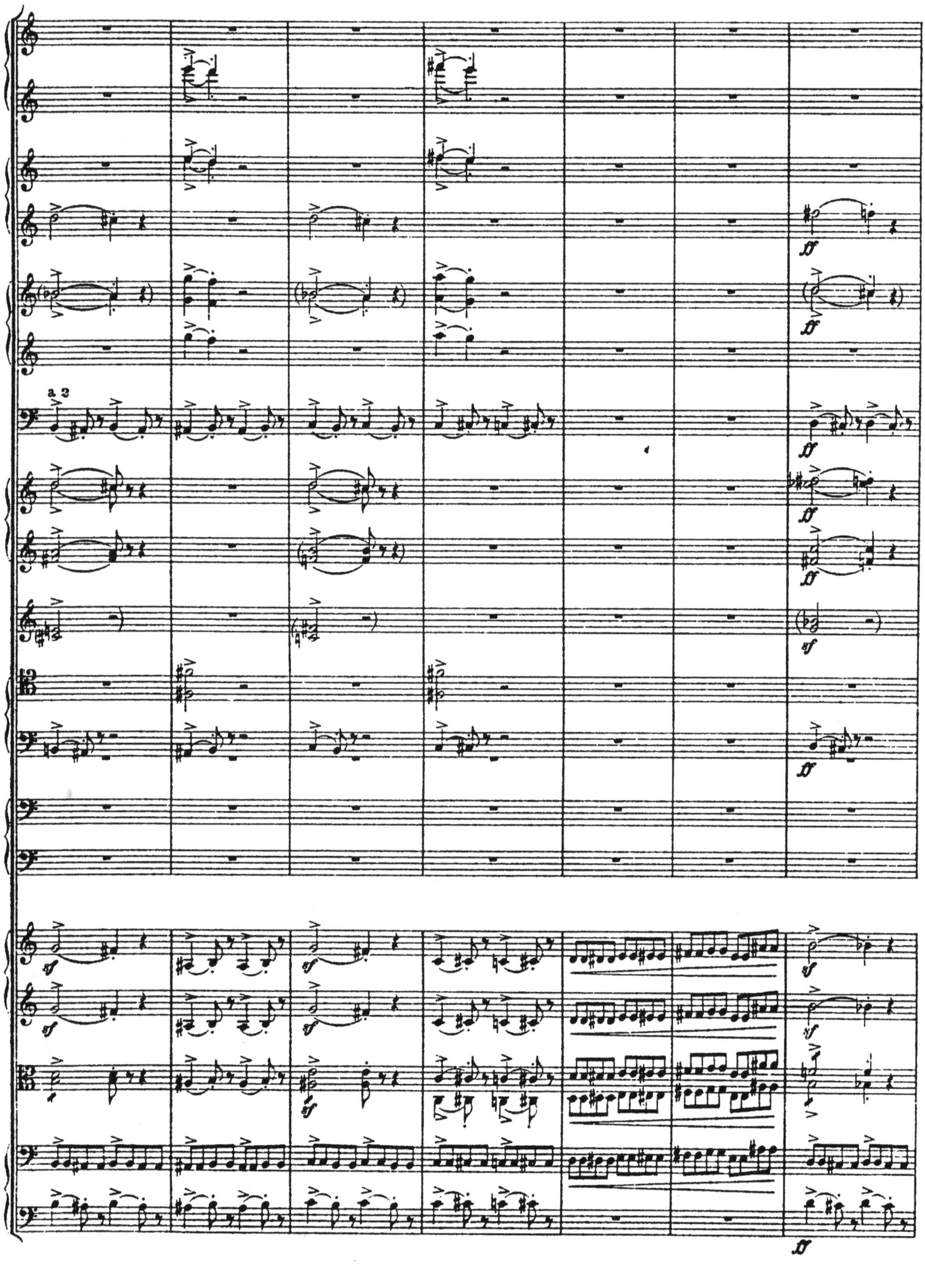
a 2

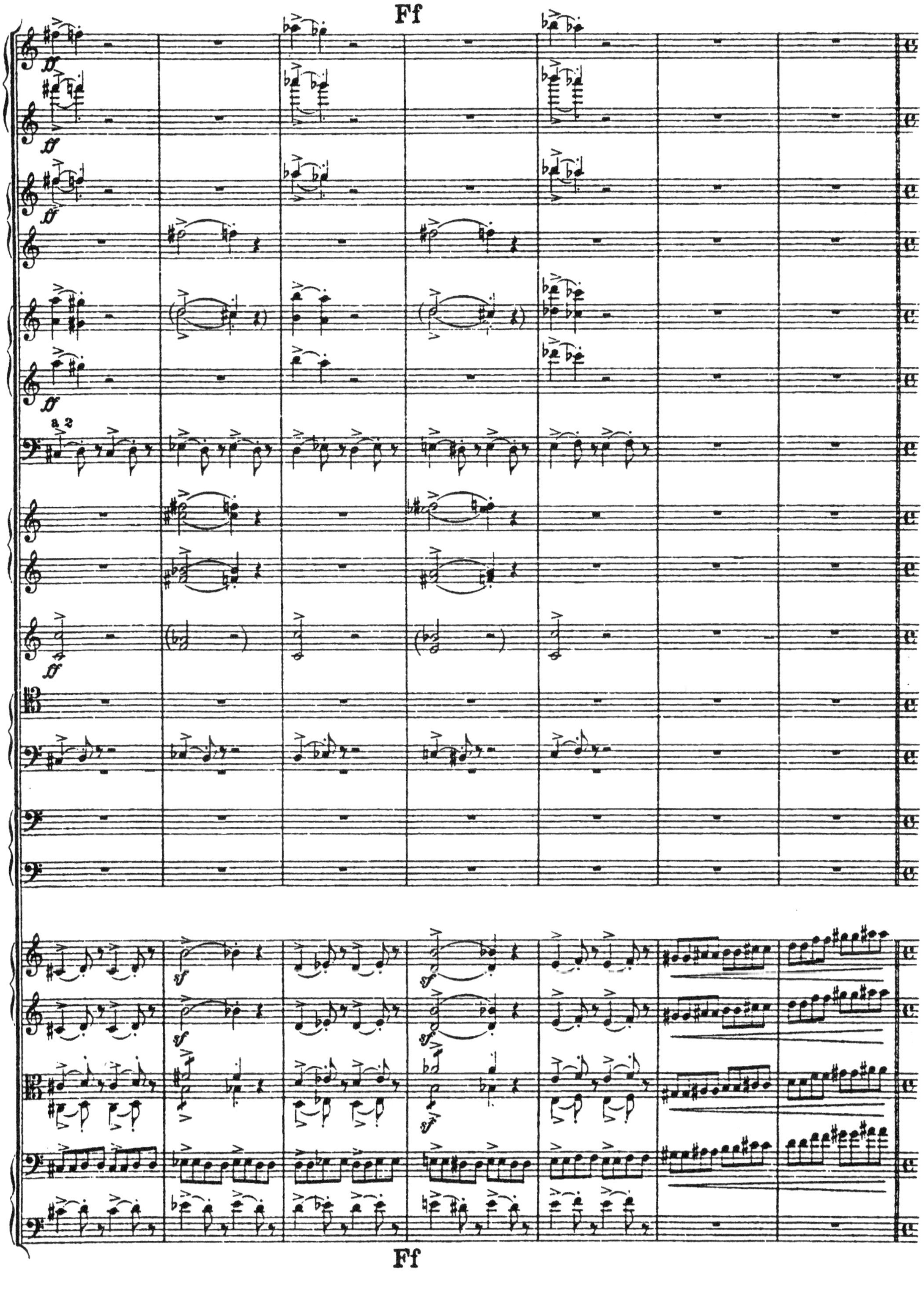
Ff
a 2
Ff

74

Die Viertel wie früher die Halben.
(The crotchets as before the minims.)
(Les noires sont l'équivalent des blanches précédentes.)
($\downarrow = \downarrow$)

stringendo

stringendo

Die Viertel wie früher die Halben.
(The crotchets as before the minims.)
(Les noires sont l'équivalent des blanches précédentes.)
($\downarrow = \downarrow$)

40369

Alla Breve taktieren.
(*Beat alla breve.*)
(Battre alla breve.)
(*Alla breve-ütemezés.*)

Alla Breve taktieren.
(*Beat alla breve.*)
(Battre alla breve.)
(*Alla breve-ütemezés.*)

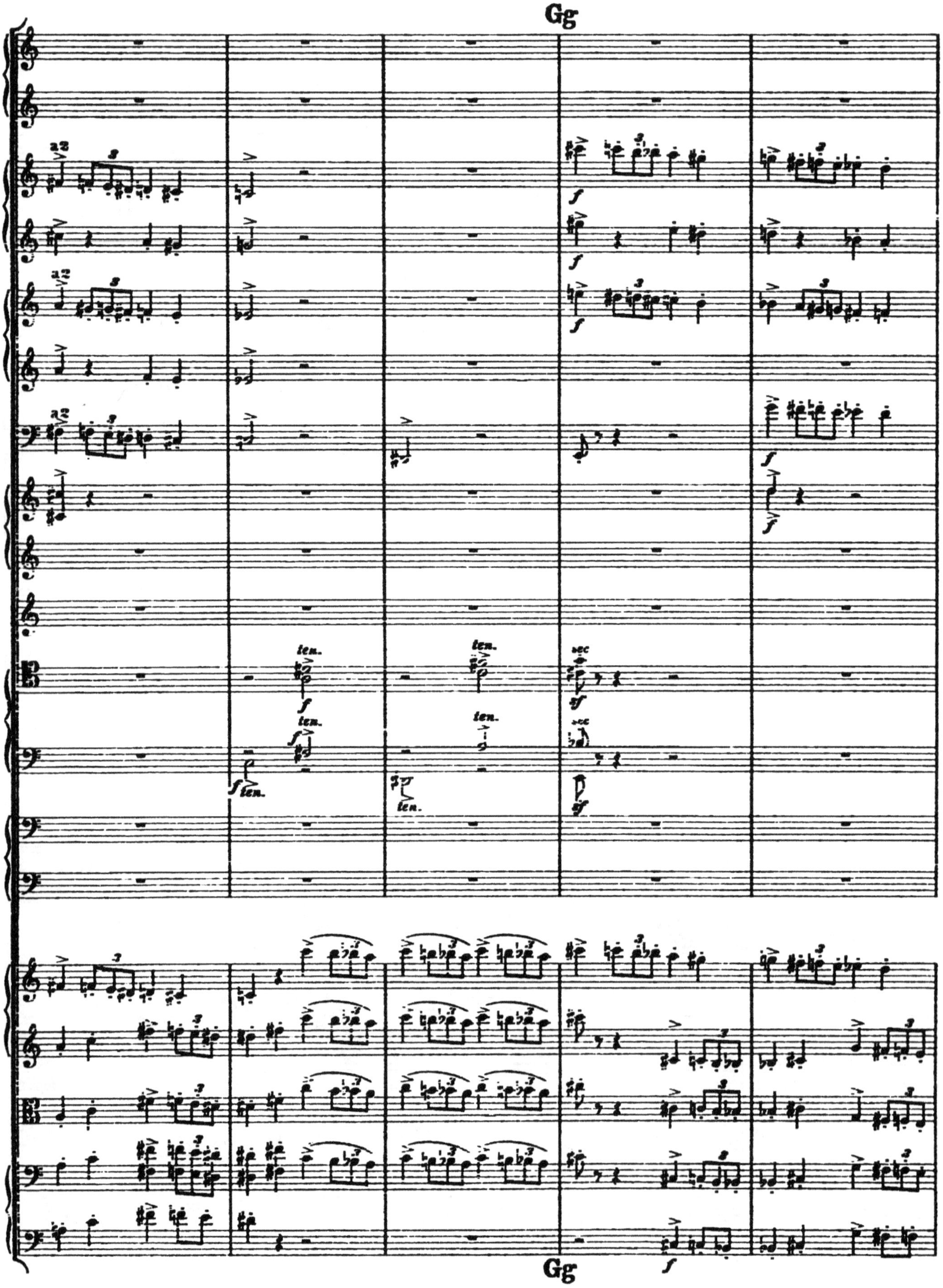
Gg
a2
ten.
sec
f
sf
Gg

sempre più stringendo - - - - -

Più mosso.

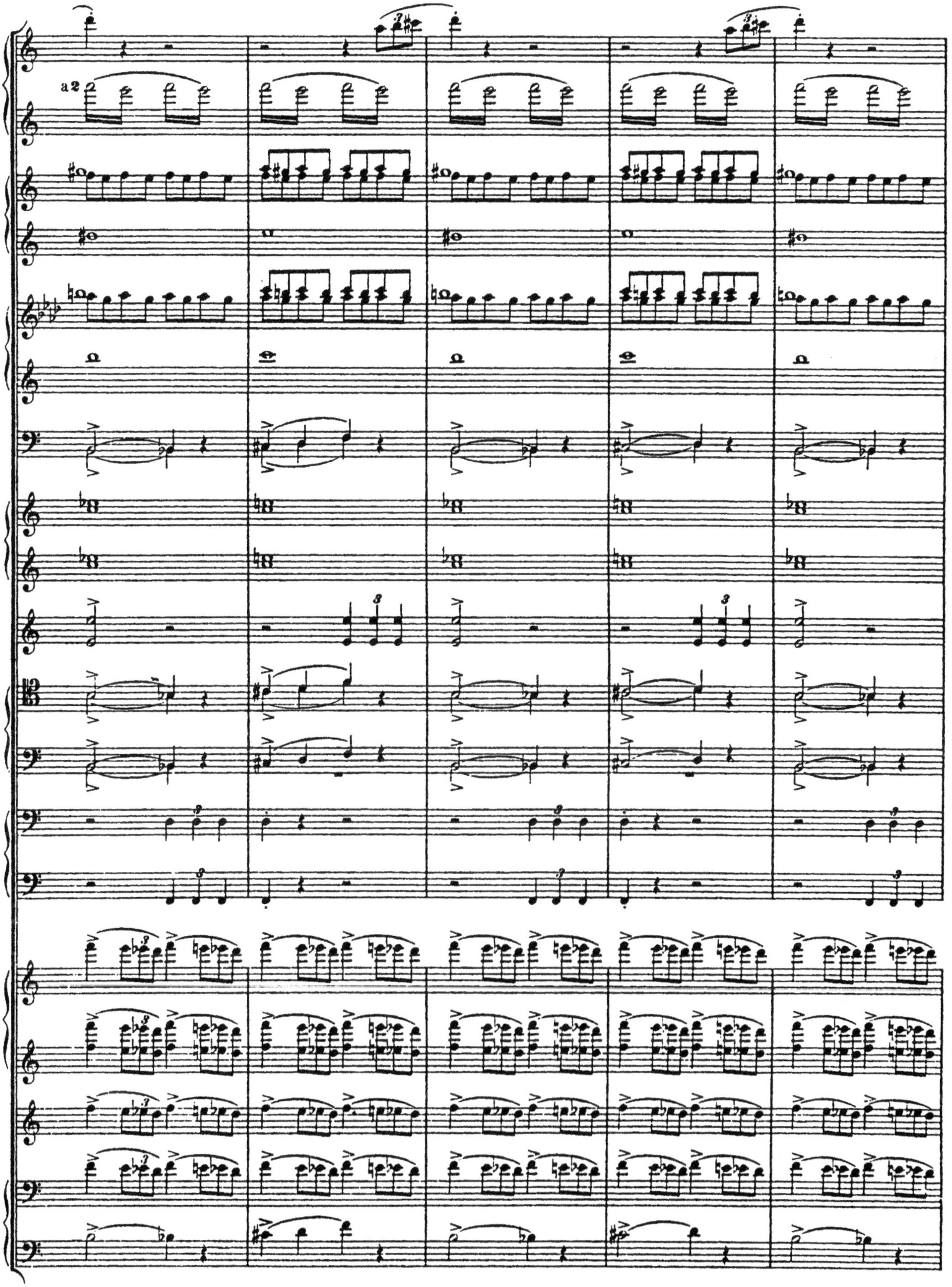
a2

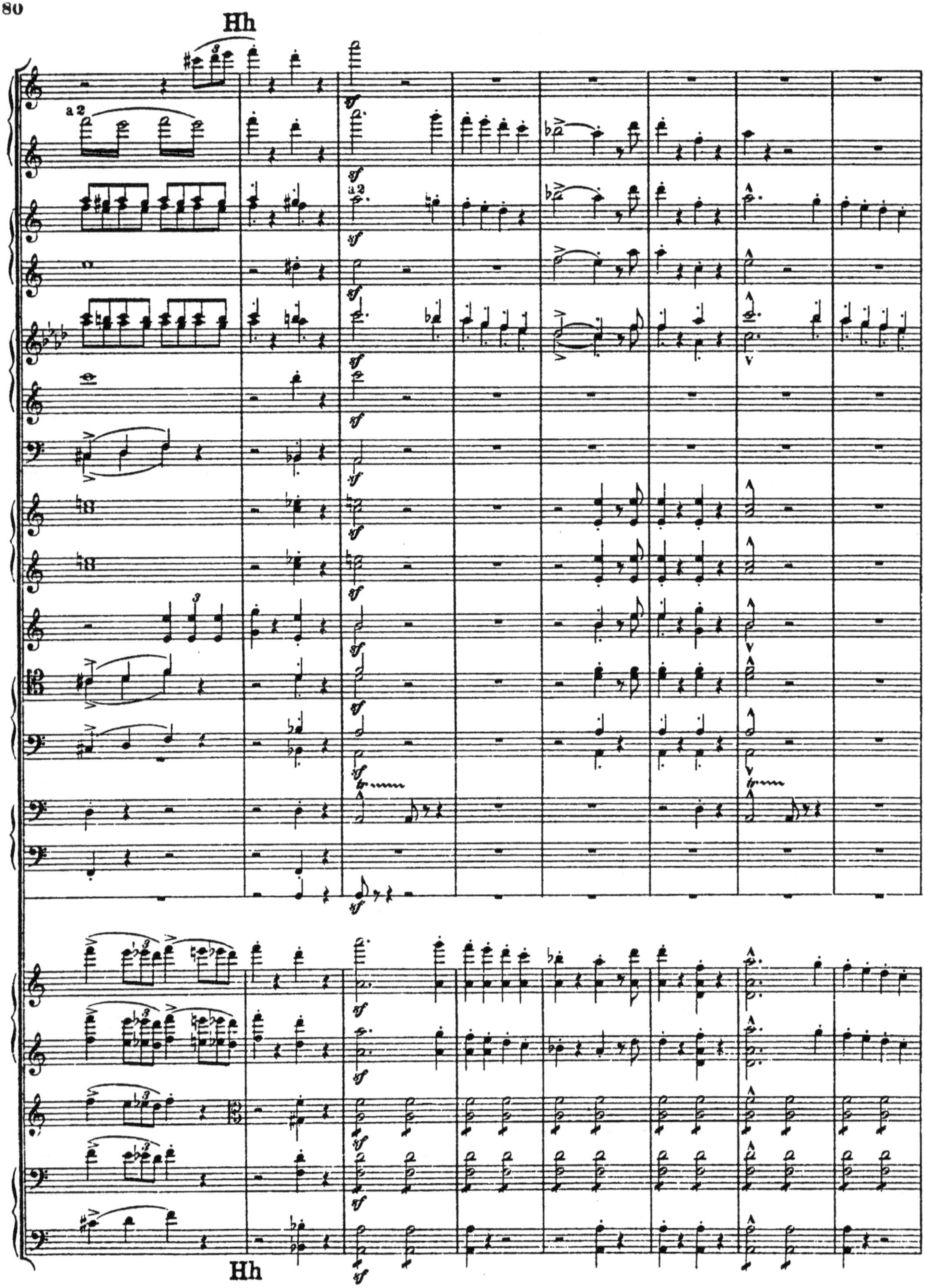
Hh
a 2
a 2
sf
tr
Hh

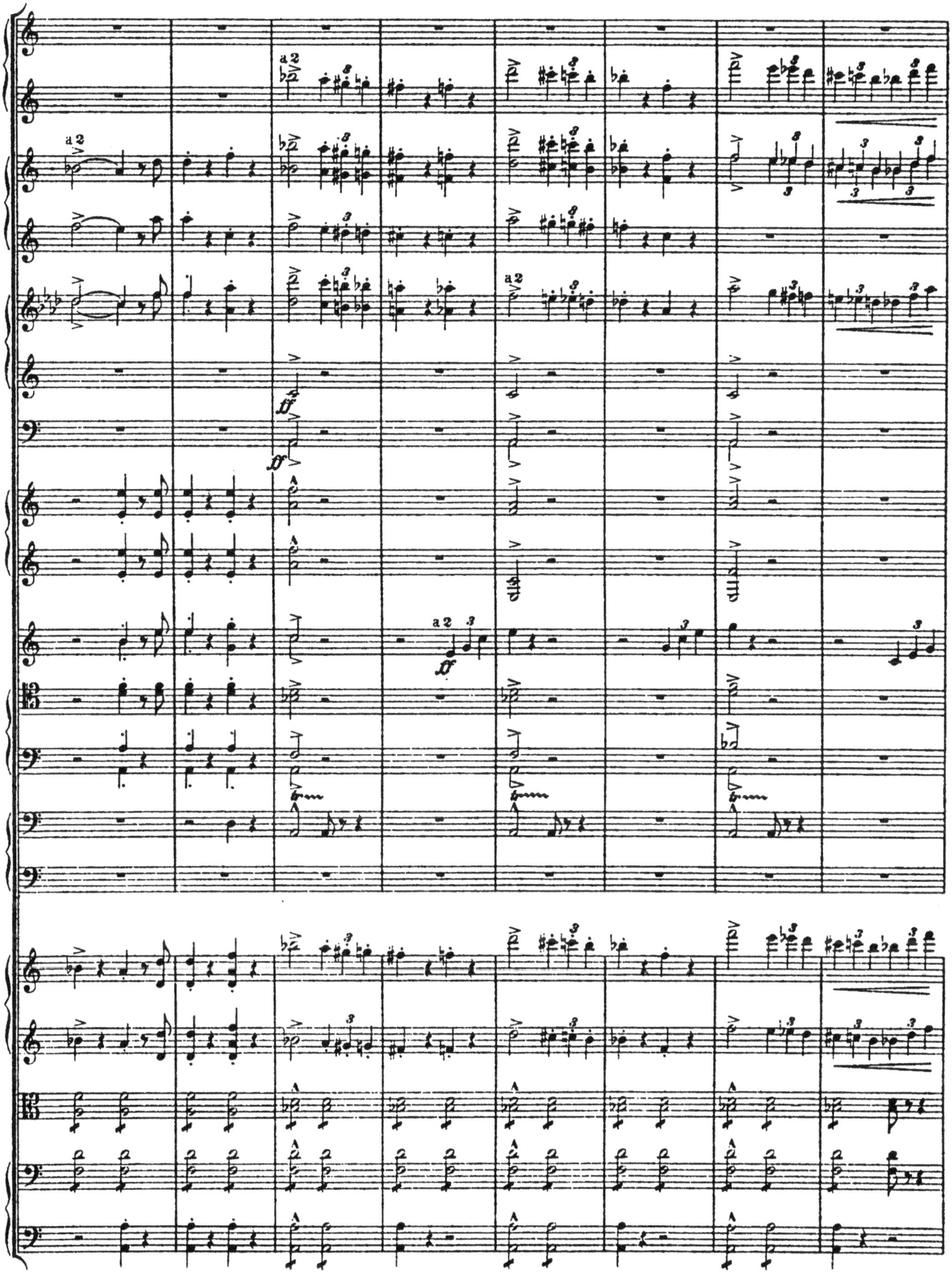
a 2
a 2
a 2
ff
ff
a 2
ff

Den Triller mit ces
(*The shake with c flat*)
(*Le trillo avec ut bémol*)
(*A trillát ces-szel*)

Ii

Den Triller mit c
(*The shake with c*)
(*Le trille avec ut naturel*)
(*A trillát c-vel*)

Più moderato. Alla breve.
Klar. a 2
Baßkl.
Fag. a 2
p marcato
Pk. Gis-F
Gr. Tr.
pp mit Paukenschlägeln (with drum-sticks)
(avec baguettes de timbales) (ütdobverővel)
pp sempre
Più moderato. Alla breve.
Jj a 2
Hob.
Klar. a 2
poco a poco cresc.
Baßkl.
Fag. a 2
a 2
Hr.
Baßpos. u. Tuba.
Pk.
Gr. Tr.
Jj

Kl. Fl.
Fl.
a 2
f molto cresc.
Hob. a 2
molto cresc.
Engl. H.
mf poco a poco cresc.
molto cresc.
Klar.
molto cresc.
Baßkl.
molto cresc.
Fag. a 2
molto cresc.
a 2
molto cresc.
Hr.
a 2
molto cresc.
Tr.
p poco a poco cresc.
II. mf molto cresc.
a 2
mf molto cresc.
Pos. u. Tuba.
p
poco a poco cresc.
molto cresc.
molto cresc.
Pk.
molto cresc.
Gr. Tr.
tr
molto cresc.
molto cresc.
molto cresc.
molto cresc.
molto cresc.
molto cresc.

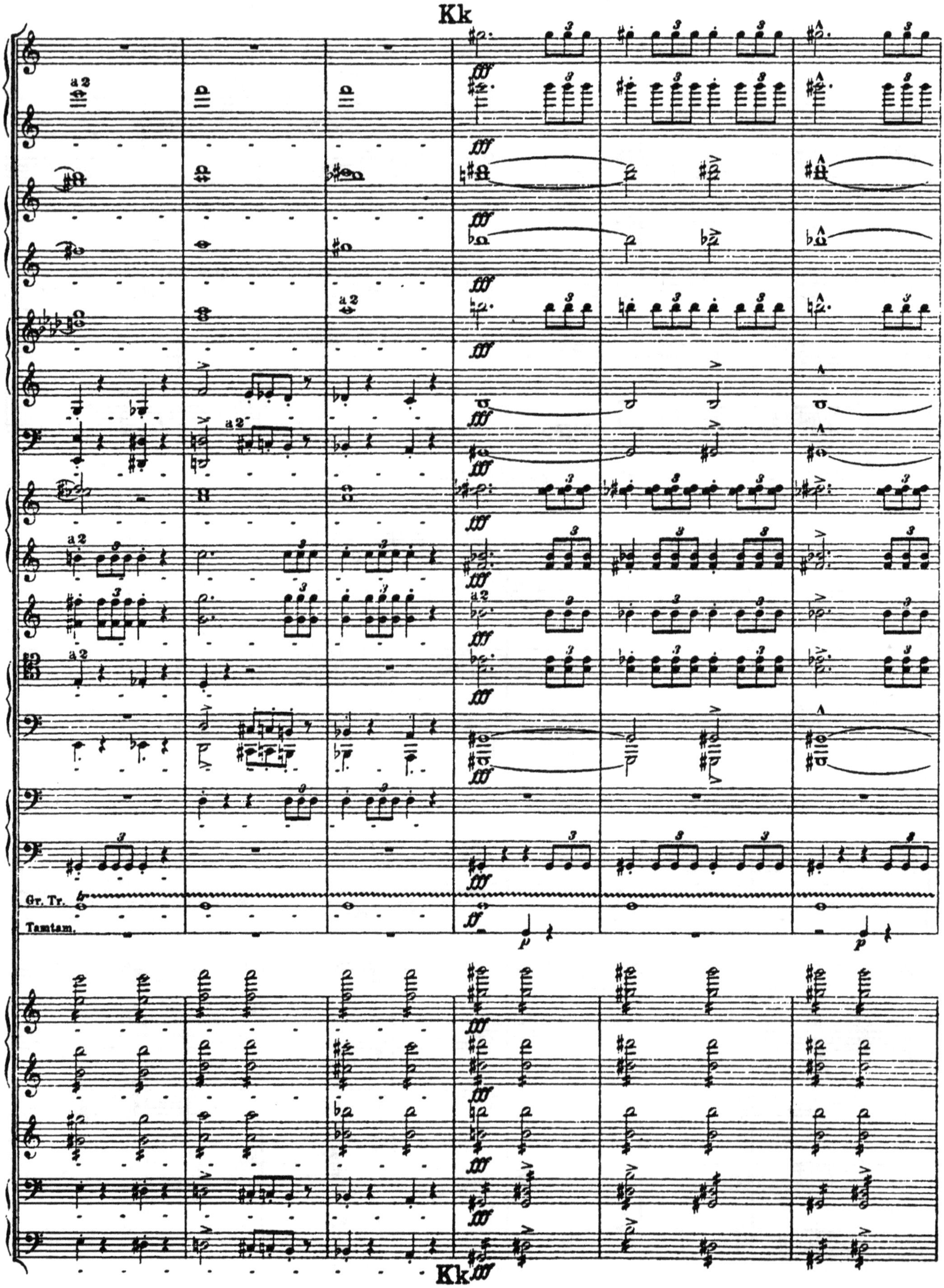

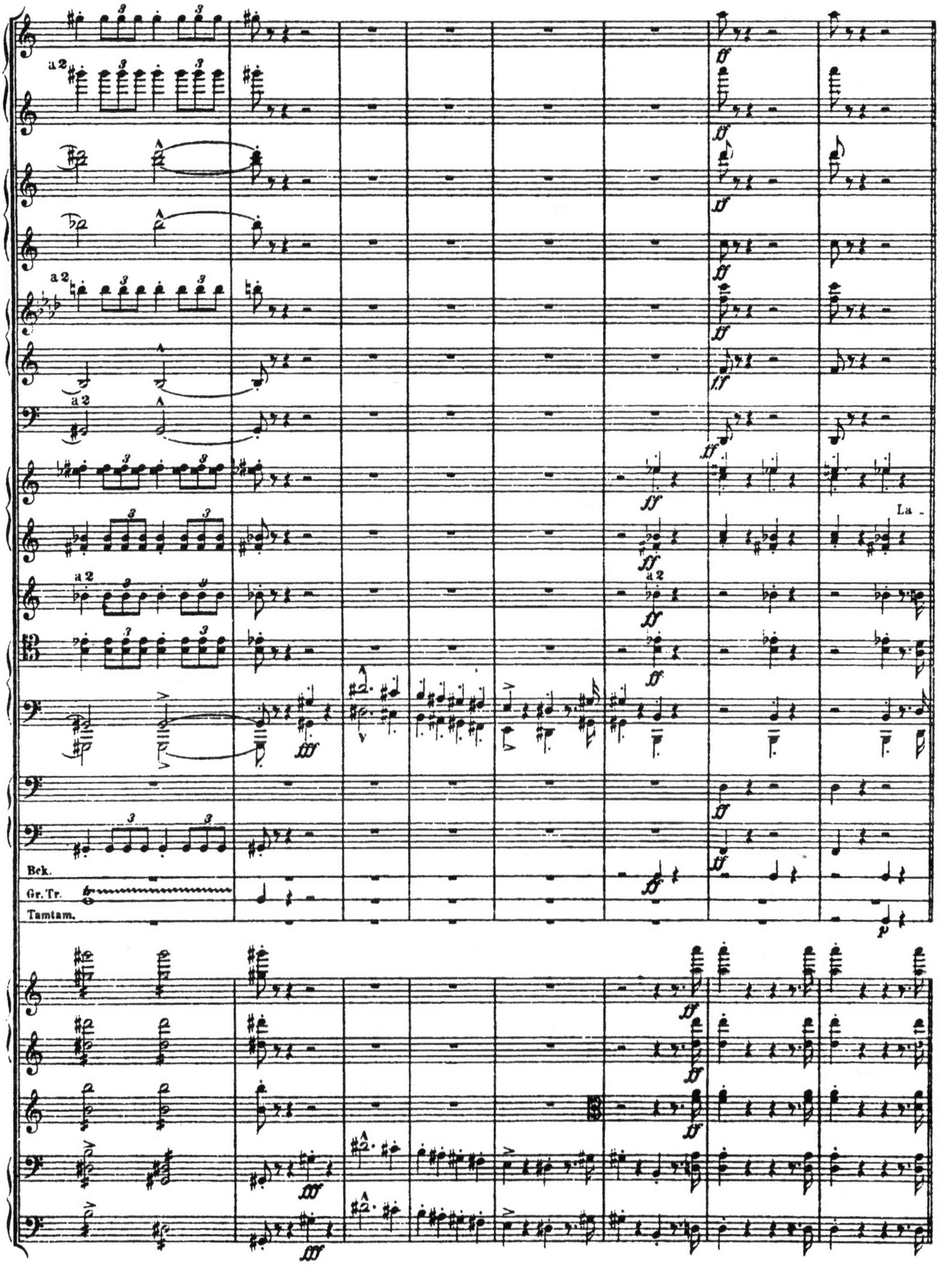
a 2
a 2
a 2
a 2
La
a 2
Bck.
Gr. Tr.
Tamtam.

88

Adagio.

scia..te ogni spe_ran _ _ za   voi ch'en_ tra . . . . te.

Adagio.

40369

II.
Purgatorio.

Andante con moto quasi Allegretto. Tranquillo assai.

Hob.
molto espress.
p
1. u. 2. Hr.
1. Harfe.
sempre p e legato
sempre p e legato
sempre p e legato
sempre p e legato
Hob. dim.
Engl. H.
p
dim.
Klar.
p dolce
1. Harfe.
p dolce
pizz.
p

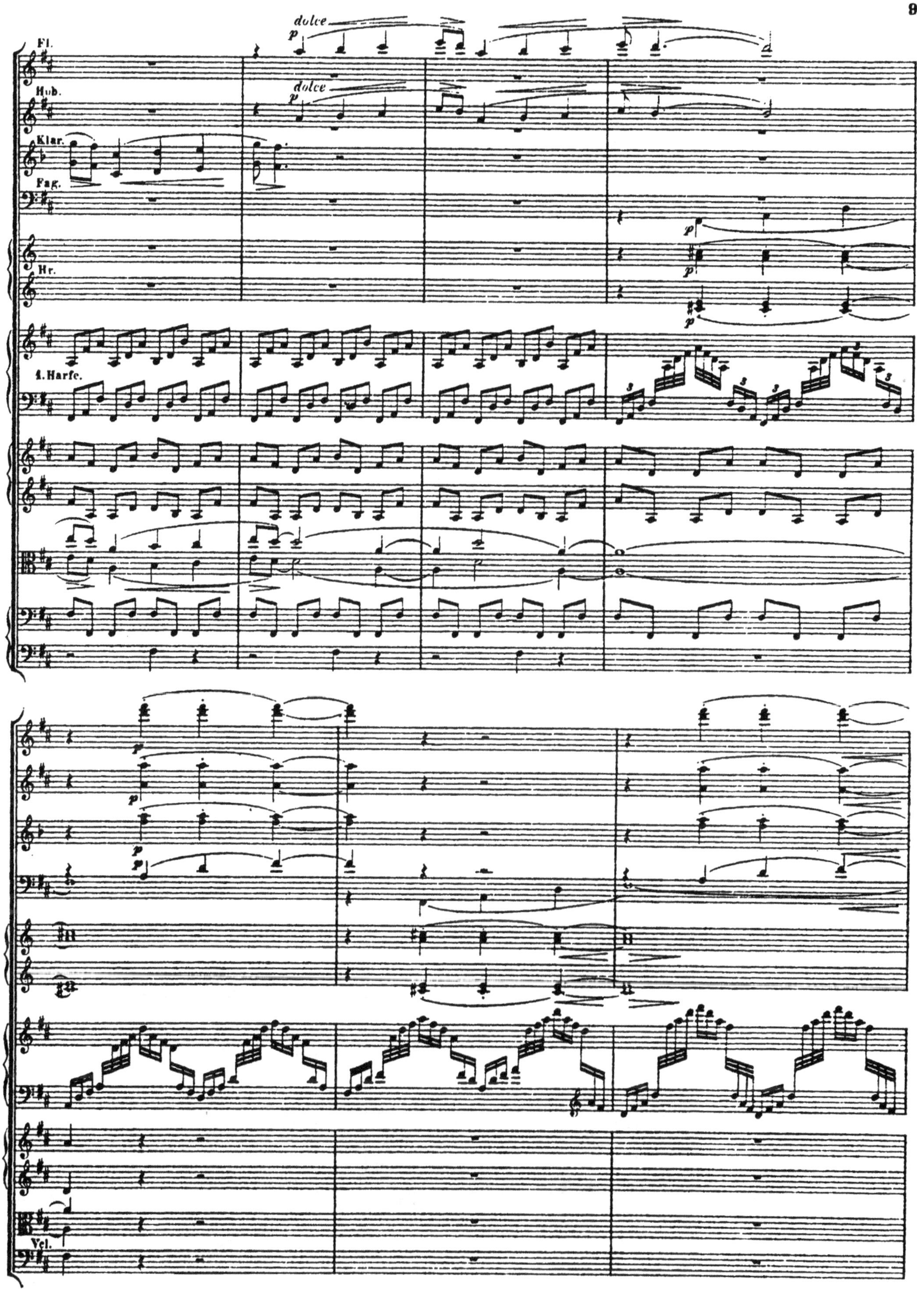
dolce
p
Fl.
Hob.
Klar.
Fag.
Hr.
1. Harfe.
Vcl.

Fl.
Hob.
Klar.
Fag.
smorz.
smorz.
smorz.
smorz.
rit.
1.Harfe.
dim.
perdendosi
ppp
rit.
Klar.
a 2
pp
Fag.
pp
Hr.
dolce espress.
p
pp
1.Harfe.
p
p
p

p molto espress.
Hob.
1.u.2.Hr.
1.Harfe.
sempre p e legato
sempre p e legato
sempre p e legato
sempre p e legato
Hob. dim.
Engl.H.
p
dim.
Klar.
p dolce
1.Harfe.
p dolce
pizz.
p

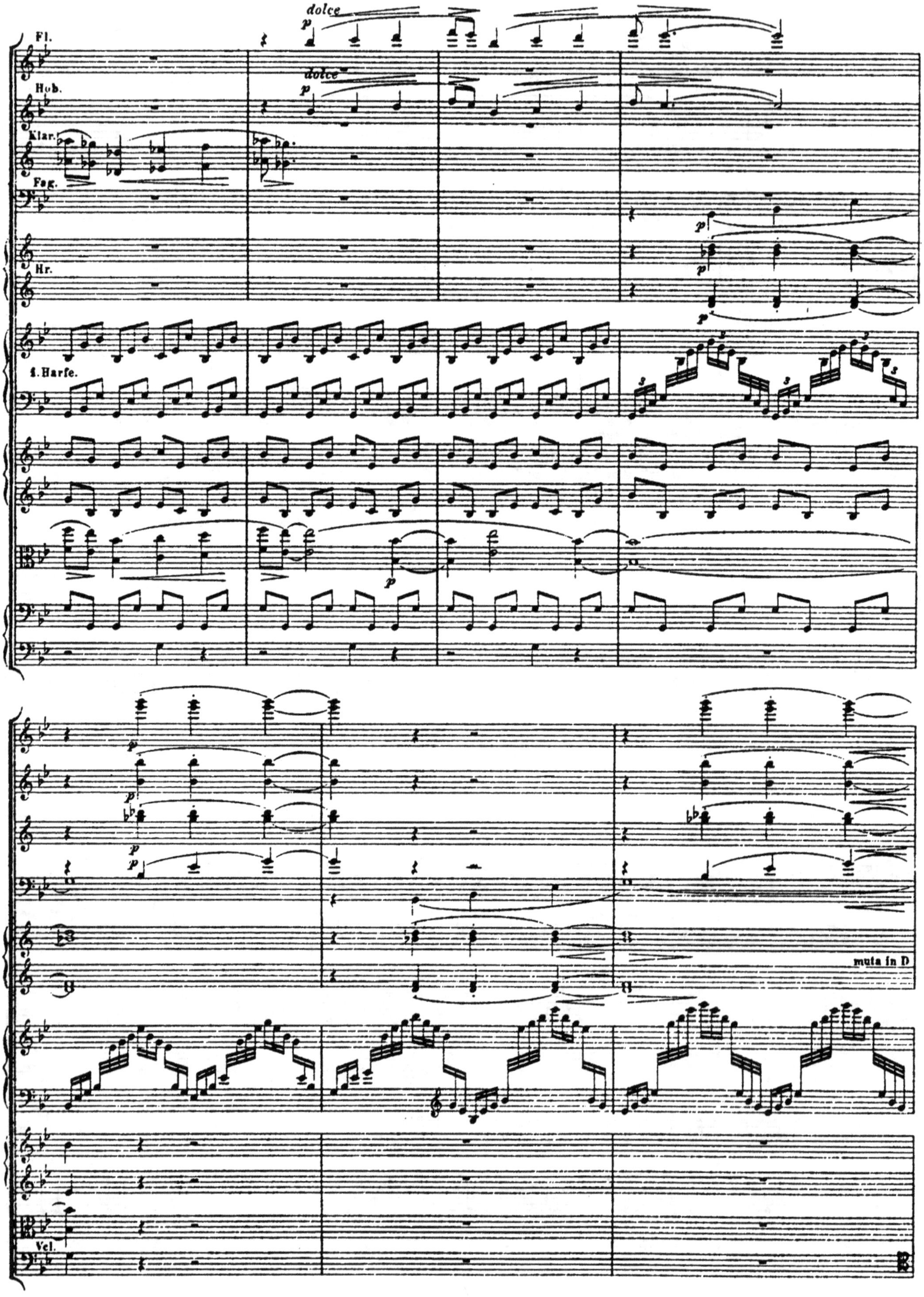
dolce
Fl.
Hob.
Klar.
Fag.
Hr.
1. Harfe.
Vcl.
muta in D

Fl.
Hob.
Klar.
Fag.
smorz.
rit.
1. Harfe.
perdendosi
ppp
Più lento.
sf
mf
molto espress.
arco
p
A
rit.
Un poco meno mosso.
Engl. H.
1. u. 2. Hr.
p mesto
dim.
smorz.
pp
perdendo

B
Hob.
p
Engl. H.
dim.
smorz.
Klar.
p
Baßkl.
dim.
smorz.
Fag.
p
dim.
1. u. 2. Hr.
p
Tenorpos.
pp mesto
pp
Br.
div.
espress.
p
Vel. div.
espress.
p
Kb.
pizz.
p un poco marcato
B
Klar.
Baßkl.
Fag.
1. u. 2. Hr.
mesto
Tenorpos.
pp
Vl.
espress. molto
sf
Br.
Vcl.
Kb.
rinf.

Hob.
Engl. H.
espress.
Klar.
Baßkl.
p espress.
Fag.
1. u. 2. Hr.
II p
cresc.
rinf.
B
sf molto espress.
arco
E. H.
Hr.
a 2
in D
C
lagrimoso
mf
dim.

un poco rall.
rinf.
morendo
a tempo
Hob.
Engl. H.
Klar.
Baßkl.
cresc.
Fag.
a 2
Hr.
Pk.
pp
p
lagrimoso
mf lagrimoso
Vel.
dim.
un poco rall.
riten.
D
morendo
muta in D
Kb.
pp
mf

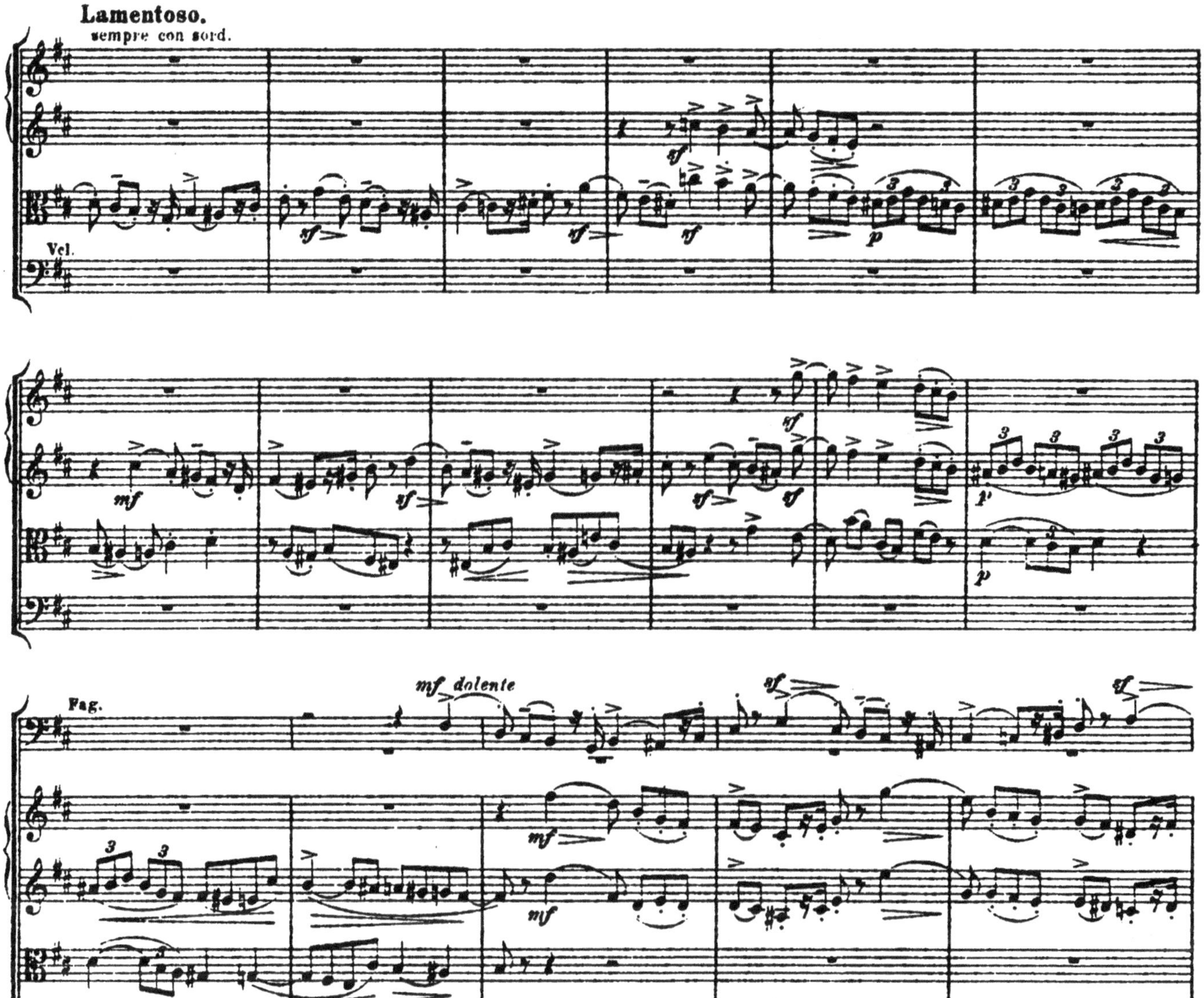
Lamentoso.
sempre con sord.
Vcl.
Fag.
mf dolente
Klar.
a 2
E

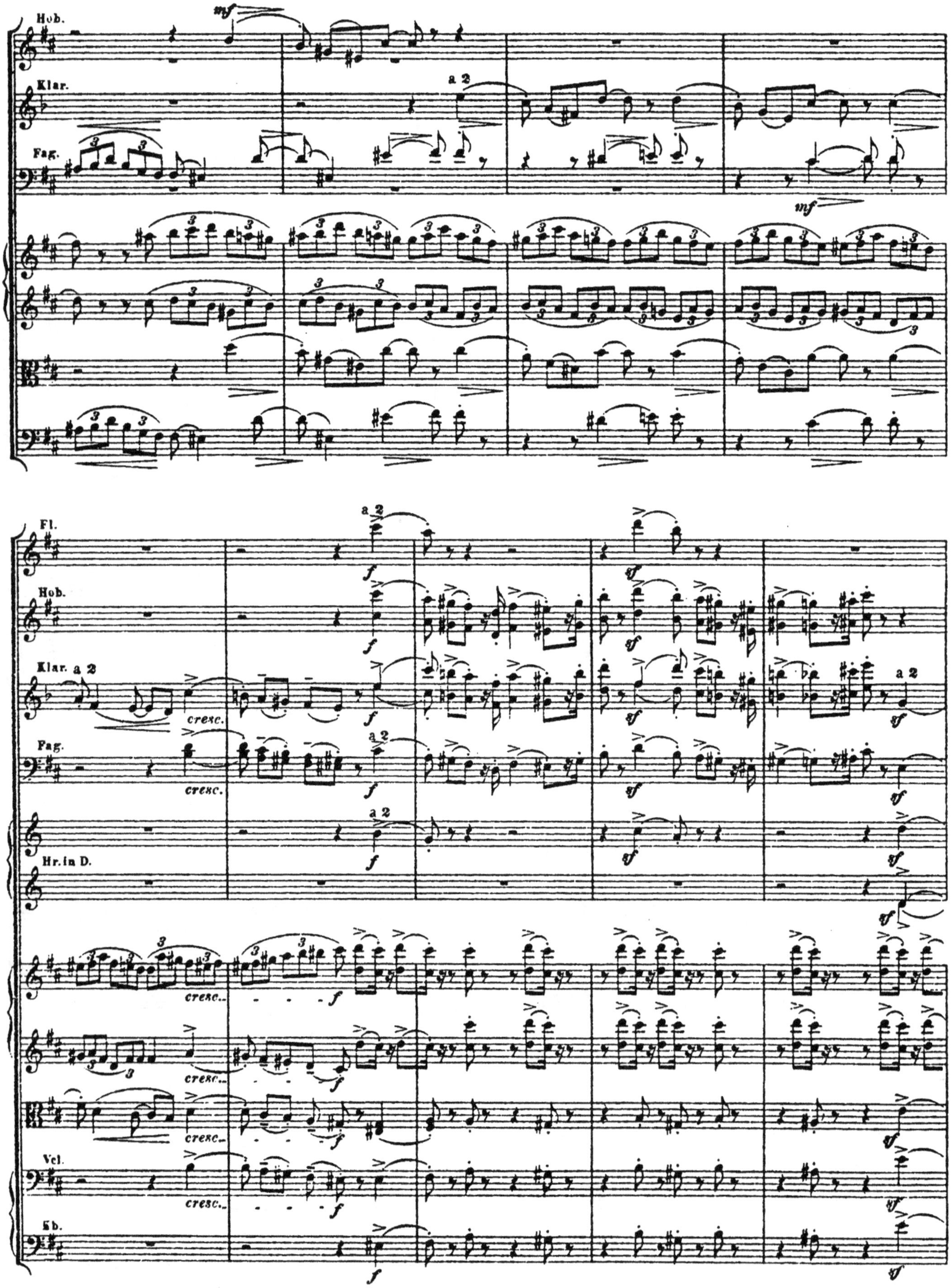
Hob.
Klar.
Fag.
a 2
mf
Fl.
Hr. in D.
Vcl.
Kb.
cresc.
f
sf

sempre più rinforzando
Fl.
Hob.
Klar. a 2
Fag. a 2
a 2
Hr.
divisi
Vcl. u. Kb.
sempre più rinforzando
F
espress.
p espress.
sf
p
F

Pl.
Hob.
Klar.
Fag.
Vcl.
dim.
G
p
p espress.
poco a poco cresc. molto
a 2
f
mf
mf gemendo
simile
Kb

Fl.
Hob.
Klar.
Fag.
a 2
Baßpos. u. Tuba.
div.
Hr.
Tr.
Pos. u. Tuba.
Vcl. u. Kb.
cresc.

NB. Die *sf* und ⊳ in den Tromp. u. Pos. dröhnend und lang gezogen.
(The sf's and ⊳ in the trumpets and trombones reverberating and long-drawn.)
(Les sf et ⊳, dans les parties de trompette et de trombone, cuivrés et longuement tenus.)
(A trombita és harsona sf-it hosszan harsogtatva.)

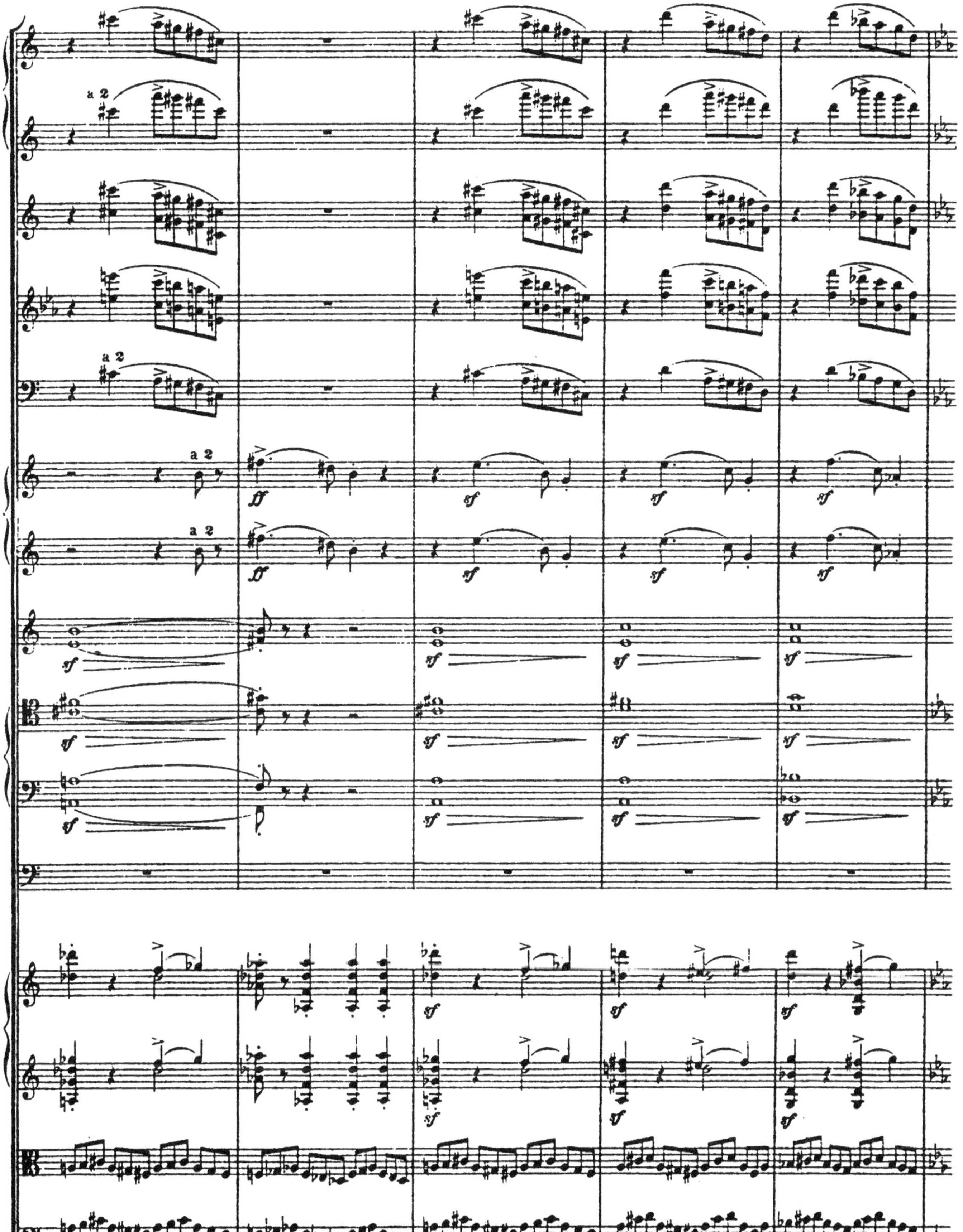
a 2
a 2
a 2
a 2
ff
sf

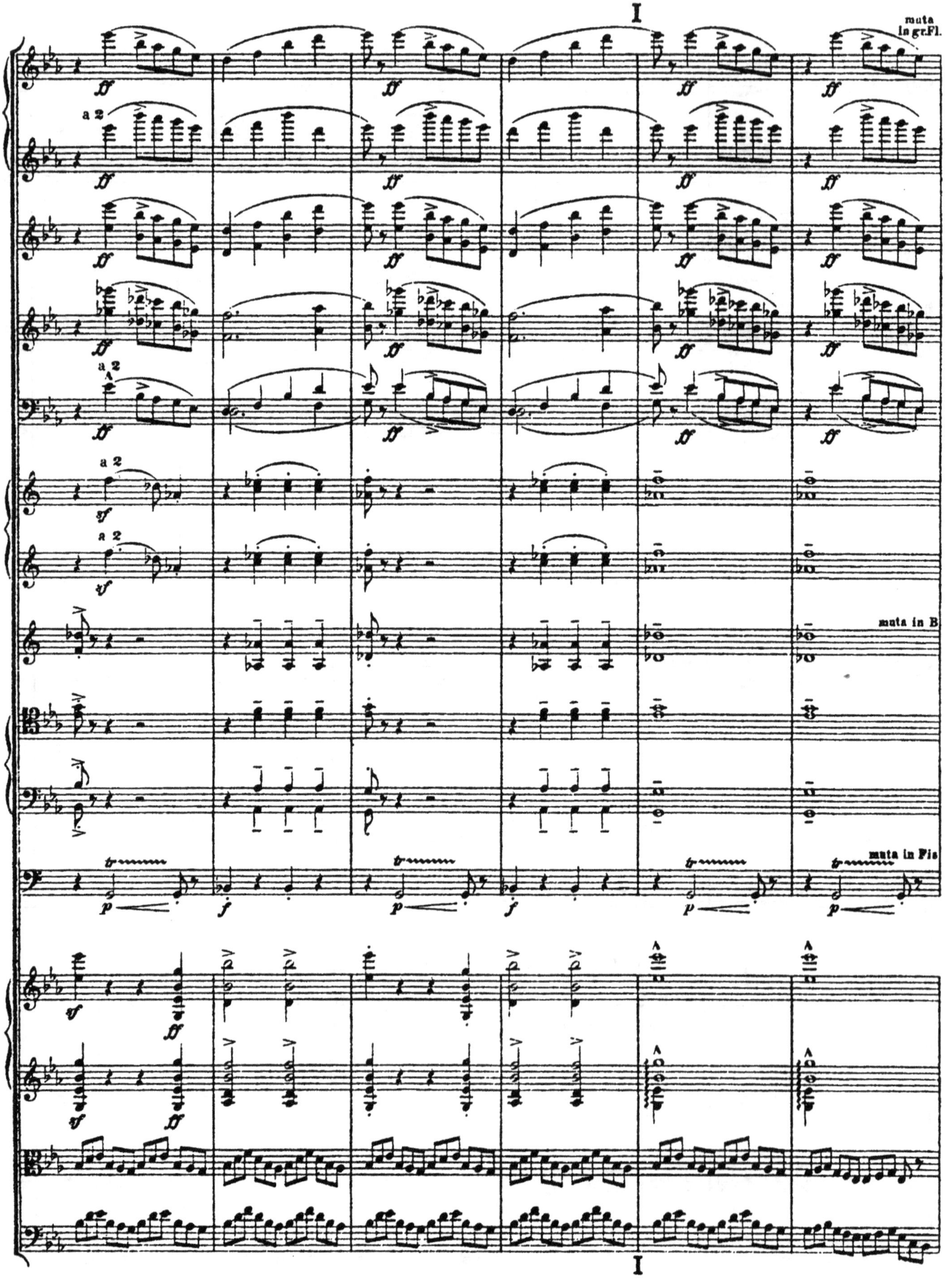
I
muta
in gr.Fl.
a 2
a 2
a 2
a 2
muta in B
muta in Fis
I

1. u. 2. Fl.
Klar.
Fag.
p
gestopft (stopped)
(bouché) (tömöt kürt)
Hr.
sf
poco rall.
sempre ff
ff
J
Hob.
gemendo
mf gemendo
mf espress.
sempre legato e p

mf dolente ed appassionato
1. u. 2. Fl.
Hob.
mf dolente ed appassionato
Klar.
Fag.
mf dolente ed appassionato
mit Dämpfer
(con sord.)
p
Hr.
mit Dämpfer
(con sord.)
p
sf
sf
p
p
1. u. 2. Fl.
Hob.
Fag.
muta in F
Hr.
sf
dim.
sf
dim.
Vcl.
Kb.

Klar.
Baßkl.
Fag.
Hr.
Vcl.
riten. molto
lunga Pausa
K
p mesto
p
in F.
a 2
mit Dämpfern (con sord.)
pizz.
arco
R:- - - -
riten.
Hob.
Engl. H.
Pk.
rinf.
R.
quasi Recit.
sf
pp
p dolente
dim.
pizz.
p

Hob.
L
Engl.H.
Klar
Baßkl.
Fag.
Hr.
Pk.
rinf.
mit Dämpfer
a 2 (con sord.)
mit Dämpfer
(con sord.)
pizz.
pizz.
arco
quasi Recit.
dolente
morendo
gestopft, ohne Dämpfer
(stopped)(senza sord.)
(bouché)(tömüt kürt)
1. u. 2. Hr.
Pos. u. Tuba
sotto voce
sotto voce
pp morendo
arco
arco
espress.
M

Klar.

Baßkl.

Fag.

Hr.
3.u.4.

gestopft   ohne Dämpfer
(stopped)(senza sord.)
(bouché)(fümüt kürt)   muta in E
pp

pp

Pos.u.Tuba.

sf espress. molto

mf — sf rinf. espress. molto

N   **Poco a poco più di moto.**

Fl.

1.2.

3. pp dolce

pp dolce

Hob.

Klar.   a 2

Fag.

1.u.2.Hr.

sf p

quieto assai

1.Harfe.   pp

2.Harfe.   pp un poco marcato

sempre con sord.
quieto assai

dolce

Vcl.   arco

pizz.

Kb.   (con sord.) pizz.

N   **Poco a poco più di moto.**

40369

Fl.
Hob.
Klar.
Fag.
1. Harfe
2. Harfe
un poco marcato
a 2
arco
pizz.
pp dolce
quieto assai
sempre quieto assai
Vcl.

O
Fl.
Hob.
p poco cresc.
Engl. H.
p poco cresc.
Klar.
p poco cresc.
Baßkl.
p poco cresc.
Fag.
a 2
p poco cresc.
offen
(ouvert)
1. u. 2. Hr.
mf
muta in E
Tr.
1. Harfe
pp
2. Harfe
p poco cresc.
pp
p poco cresc.
pp
p poco cresc.
Vcl.
div.
arco
p poco cresc.
K.-B.
p poco cresc.
O

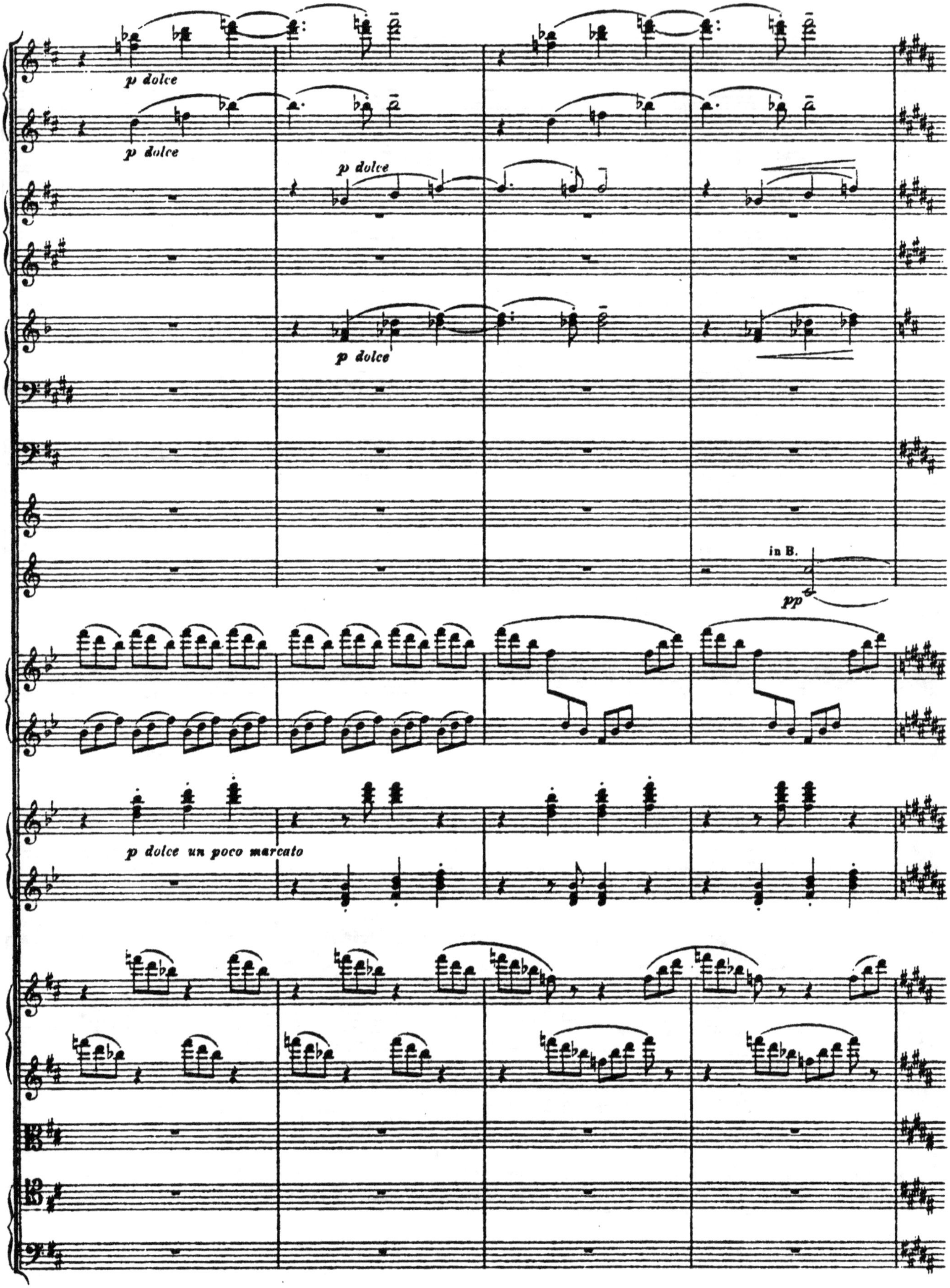
p dolce
p dolce
p dolce
p dolce
in B.
pp
p dolce un poco marcato

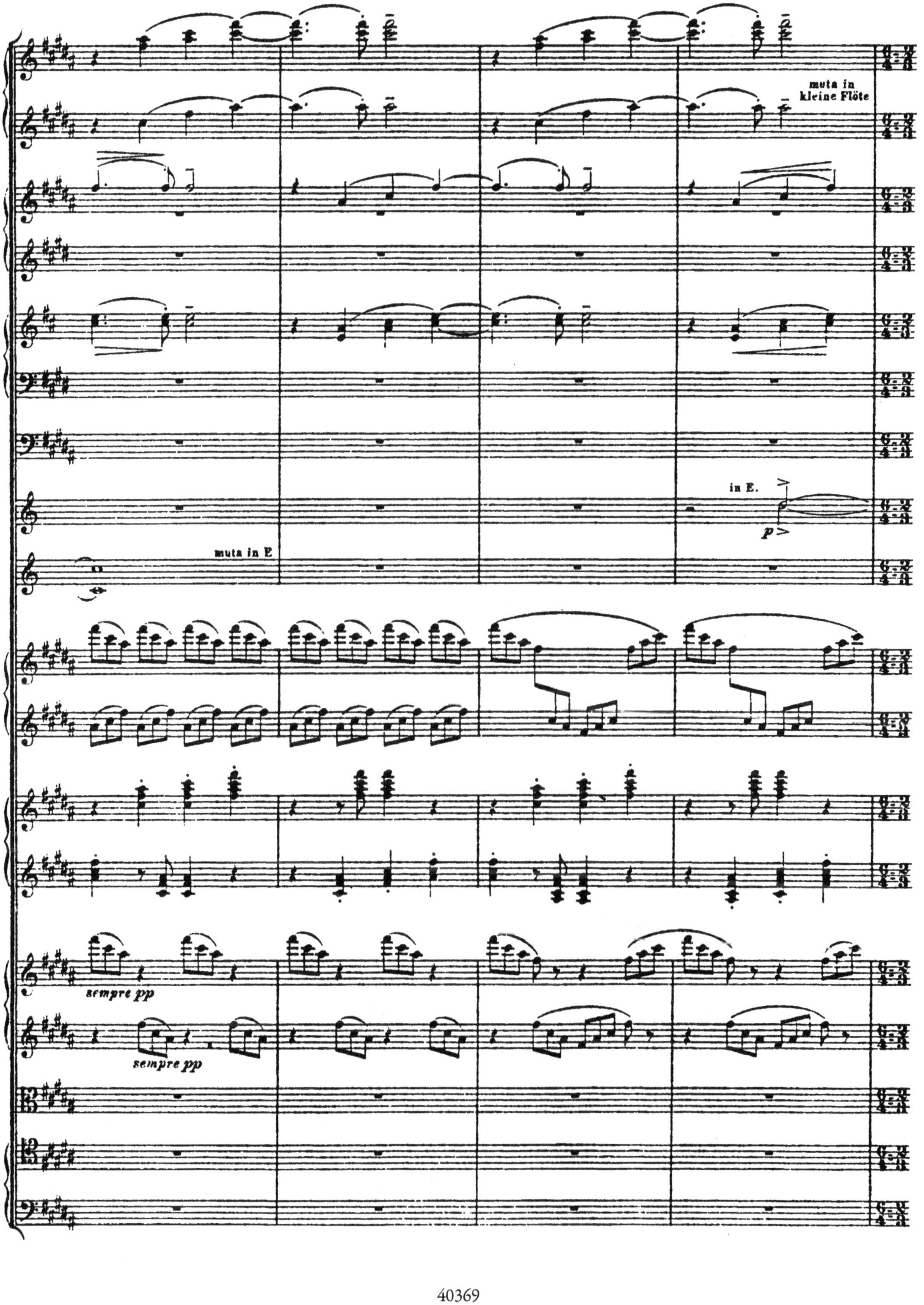
muta in
kleine Flöte
muta in E
in E.
p
sempre pp
sempre pp

Magnificat.

L'istesso tempo. ♩=♩

4.u.2.Fl.

Hob.   *p dolce, molto tranquillo*

Engl.H.   *p dolce, molto tranquillo*

Klar.   *p dolce, quieto assai*

4.u.2.Hr.   *p dolce, molto tranquillo*

Tr.   *dolciss.*

1.Harfe.   *3 3 3 3 3 3*

2.Harfe. *marcato*

Harm.   *pp*

Frauenchor. Frauen- oder Knabenstimmen.
(Female chorus. Female or boys' voices.)
(Chœur de femmes. Voix de femmes ou d'enfants.)
(Nŏi kar. Nŏi vagy gyermek-hangok.)

p dolce   *p*

Ma — — gni — fi — cat   a — — ni — ma me — a

divisi a 3
pp

divisi a 3
pp

divisi a 3
pp

pp

pp

L'istesso tempo. ♩=♩

NB. Der Frauen- oder Knabenchor soll nicht v o r dem Orchester aufgestellt werden, sondern mit dem Harmonium u n s i c h t b a r verbleiben, oder, bei amphitheatralischer Einrichtung des Orchesters, ganz oben Platz nehmen. An Orten, wo sich eine G a l e r i e über dem Orchester befindet, würde es geeignet sein, den Chor und das Harmonium d o r t aufzustellen. Das Harmonium muß jedenfalls in der Nähe des Chors bleiben.

(The female or boys' choir is not to be placed before the orchestra, but is to remain invisible together with the harmonium or in case of an amphitheatrical arrangement of the orchestra is to be placed right at the top. In rooms having a gallery above the orchestra, it would be suitable to have the choir and harmonium in that gallery. In any case, the harmonium must remain near the choir.)

(Le chœur de femmes ou d'enfants ne doit pas être posté en avant de l'orchestre, mais rester invisible, de même que l'harmonium, ou prendre place tout au haut des gradins si l'orchestre est disposé en amphithéâtre. S'il y a une galerie au-dessus de l'orchestre, le mieux sera d'y placer le chœur et l'harmonium. De toutes façons celui-ci doit être dans le voisinage du chœur.)

(A nŏi-vagy gyermek-kar ne a zenekar előtt foglaljon helyet, hanem a harmóniummal együtt maradjon láthatatlan, vagy-ha a zenekar amphitheatrum-szerüen helyeskedik el— foglalja el a legfelső helyet. Ahol karzat van a zenekar fölött, legcélszerübb, ha a kart és a harmoniumot ott helyezzük el. A harmónium mindenesetre a kar közelében legyen.)

1.u.2.Fl.
Hob.
Engl.H.
p
Klar.
Tr.
in E
pp
1.Harfe.
sempre dolciss.
2.Harfe.
Harm.
p dolce
Ma - gni - fi - cat
Do - mi - num.
Ma - gni - fi - cat
pp
pp
pp
pp

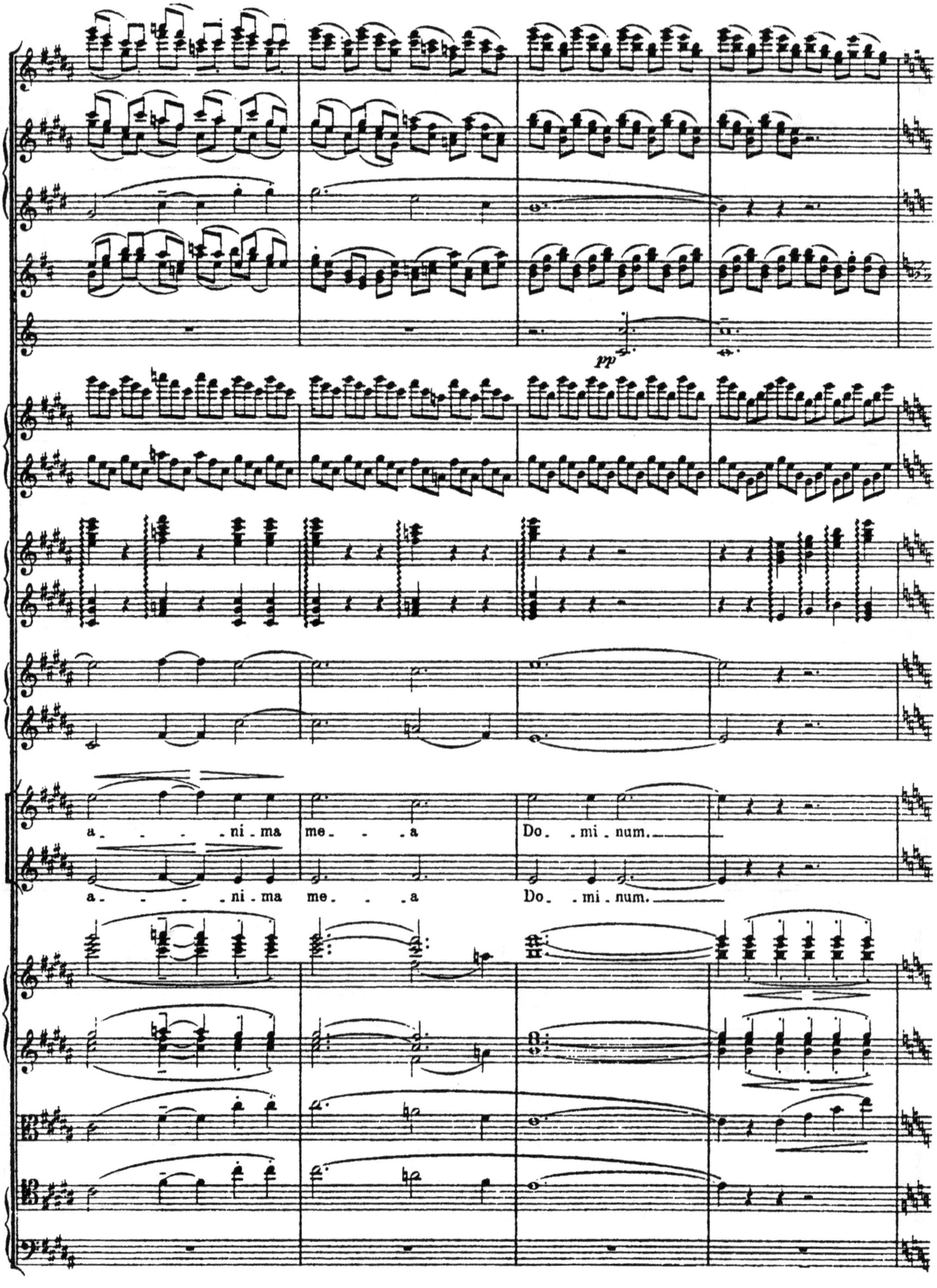
pp
a - - - - ni - ma me - - - a Do - mi - num.
a - - - - ni - ma me - - - a Do - mi - num.

P
Kl. Fl.
p dolce
Fl.
sempre legato e dolce
Hob.
p dolce
Klar.
sempre legato e dolce
p dolce
Fag.
1. u. 2. Hr.
pp
Tr.
pp
1. Harfe.
2. Harfe.
Harm.
pp
Ma - - gni - fi - cat a - - - - - ni - ma me - - -
Ma - - - gni - - - - - - fi - cat a - - - - - - - ni - ma me - - -
1. Viol.
p sempre dolciss.
2. Viol.
p sempre dolciss.
Br.
p sempre dolciss.
Vcl.
p sempre dolciss.
P

Kl. Fl.
Fl.
Hob.
Engl. H.
Klar.
Fag.
1. u. 2. Hr.
Tr.
1. Harfe.
dim.
2. Harfe.
Harm.
1. Viol.
2. Viol.
Br.
Vcl.
pp
p
mf
a
et
ex - - ul - ta - - -
et ex - ul - ta - - vit

spi - - - ri - tus___ me - - us,

vit,___
(pp)

Q Poco a poco accelerando e crescendo sin al ⅜ Più mosso.

ex . . . ul . ta . . . vit   spi . . . ri . tus,

ex . . . . ul . ta . . vit   spi . ri . tus_____ me . . . us,

Q Poco a poco accelerando e crescendo sin al ⅜ Più mosso.

40369

muta in gr. Fl.

ex _ ul _ ta _ _ _ vit   spi _ _ ri _ tus.

ex _ _ _ ul _ _ ta _ _ vit   spi _ _ ri _ tus_____   me _ _ us.

Più mosso ma non troppo.
R
Fl.
mf
Hob.
a 2
mf
Engl. Hr.
mf
Klar.
mf
Baßkl.
Fag.
in F
mf
Hr.
in E
offen
(ouvert)
Tr. in B.
mf
muta in E.
Bck.
pp
1. u. 2. Harfe.
f
Harm.
f
ff
In De - o sa - lu - ta - ri me - - - - o,
In De - o sa - lu - ta - ri me - - - - o,
trem.
1. Viol.
p
trem.
2. Viol.
p
f
Br.
f
Vcl.
f
Kb.
arco
f
R Più mosso ma non troppo.

Fl.
Hob.
a 2
Engl. Hr.
Klar.
Baßkl.
Fag.
a 2
Hr.
Tr. in E.
Tenorpos.
Bck.
a 2
in De - o sa - lu - ta - - ri
in De - o sa - lu - ta - - ri

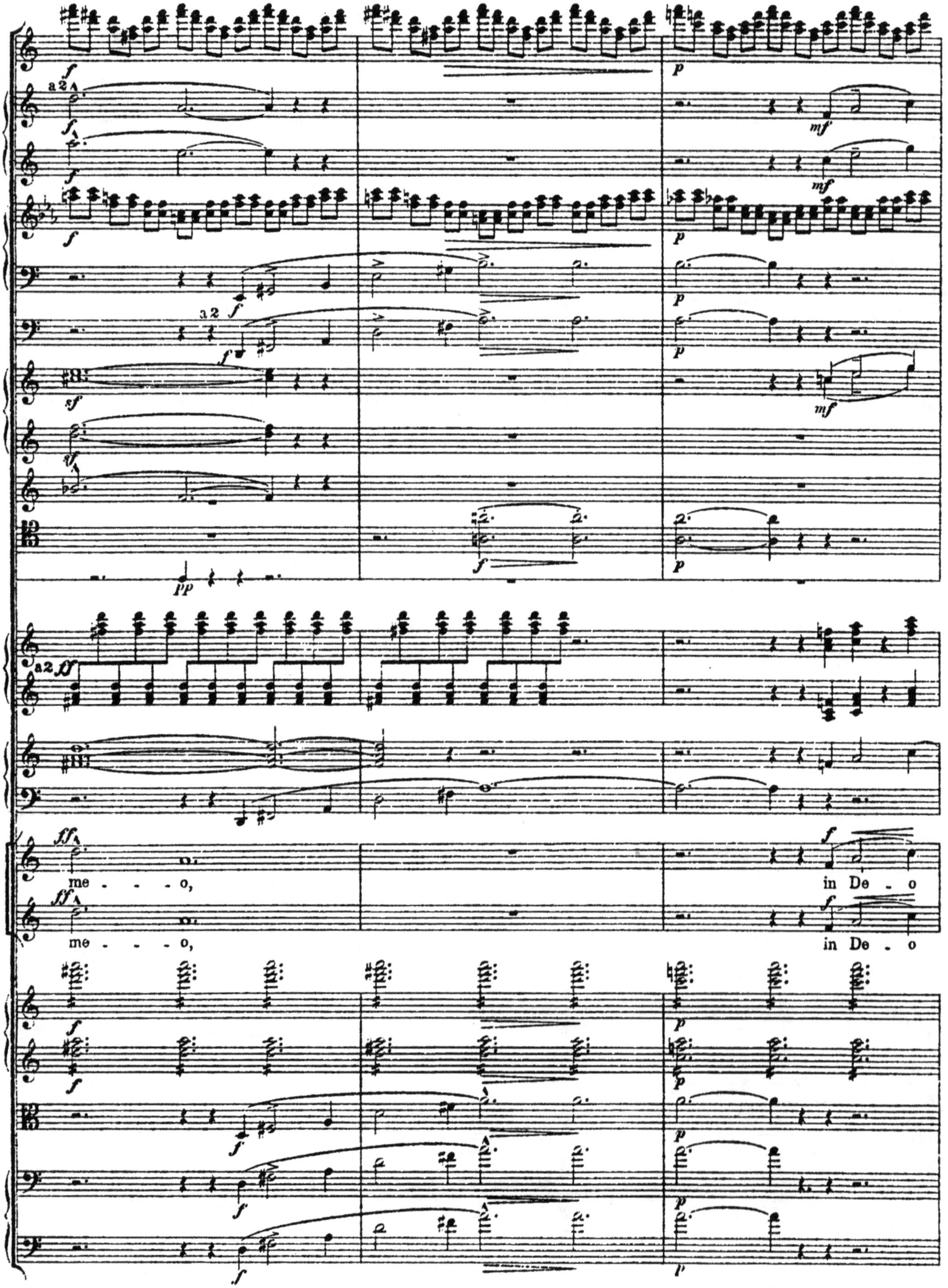
me - - - o,
in De - o
me - - - o,
in De - o

S
Fl.
rinforz.
Hob. a 2
sf
Engl. H.
sf
Klar.
rinforz.
Baßkl.
f
Fag.
f
1. u. 2. Hr.
muta in E
Tr.
f
Bck.
pp
pp
1. Harfe.
sf
2. Harfe.
sf
Harm.
sa - lu - ta - - - ri
me - - - - - - - - - - - - - - - - -
sa - lu - ta - - - ri
me - - - - - - - - - - - - - - - - -
1. Viol.
rinforz.
2. Viol.
rinforz.
Br.
f
Vcl.
f
S

Fl.
Hob.
Engl.H.
Klar.
Baßkl.
Fag.
3. u. 4. Horn
Tr.
Baßpos. u. Tuba
Bck.
a 2
dim.
pp
p
sf

NB. Die Nuancierung *p* < *sf molto* sehr genau in allen Instrumenten.
(The nuance *p* < *sf* very exact in all instruments.)
(La nuance *p* < *sf* doit être observée très exactement par tous les instruments.)
(A *p* < *sf* árnyékolást valamennyi hangszer nagyon pontosan végezze.)

40369

Un poco più lento.

Die 4 Viertel ungefähr von derselben Dauer wie früher 6 Viertel.
(The four crotchets have about the same duration as six crotchets previously.)
(Quatre noires égalent à peu près six du mouvement précédent.)
(o *körülbelül* = o·)

Flageoletttöne (Harmonics.)
(sons harmoniques) (flageolet-hangok)

Solo

Ma·gnificat a· ·nima me·a Do·mi· ·num.

T Un poco più lento.

Die 4 Viertel ungefähr von derselben Dauer wie früher 6 Viertel.
(The four crotchets have about the same duration as six crotchets previously.)
(Quatre noires égalent à peu près six du mouvement précédent.)
(o *körülbelül* = o·)

et exul·tavit spi·ritus me·us in Deo salu·ta·ri me

et exul·tavit spi·ritus me·us in Deo salu·ta·ri me

Chor.

Solo

L'istesso tempo, ma quieto assai.
Alla Breve taktieren.
(Beat alla breve.)
(Battre alla breve.)
(Alla breve-ütemezés.)
V
Fl.
pp
Hob.
Engl. H.
Klar.
Baßkl.
Fag.
p mistico
Halle.lu. ja.
Ho . san. . . . na, ho . san. . .
con sord.
pp ma marcato un poco
Acht 2. Violinen. 4 Pulte.
(Eight 2nd violins.)(4 desks.)
(Huit 2e violons.)(4 pupitres.)
(Nyolc 2.hegedü.)
Alle (Tutti)

halle_lu - ja,   halle_lu - ja,

_ na,   ho_ san - na,   ho_

sempre dolcissimo
sempre dolcissimo
pp
sempre pp
sempre pp
sempre pp
halle.lu - ja,
halle.lu -
san - - na,
ho - san -
sempre pp
sempre pp
sempre pp
sempre pp

W
Fl.
Hob.
Engl. H.
Klar.
Baßkl.
Fag.
Hr.
Tr.
a 2
pp
poco cresc.
ja, ho - san - na, halle - lu - ja, halle - lu - ja,
na,
W
pp

X
Fl.
Hob.
Engl. H.
Klar.
Baßkl.
Fag.
Hr.
Tr.
Pos. u. Tuba.
Pk.
1. Harfe.
2. Harfe.
Harm.
a 2
ma poco
pp
ppp
p
na, ho-san-na halle-lu
halle-lu-ja, halle-lu
X

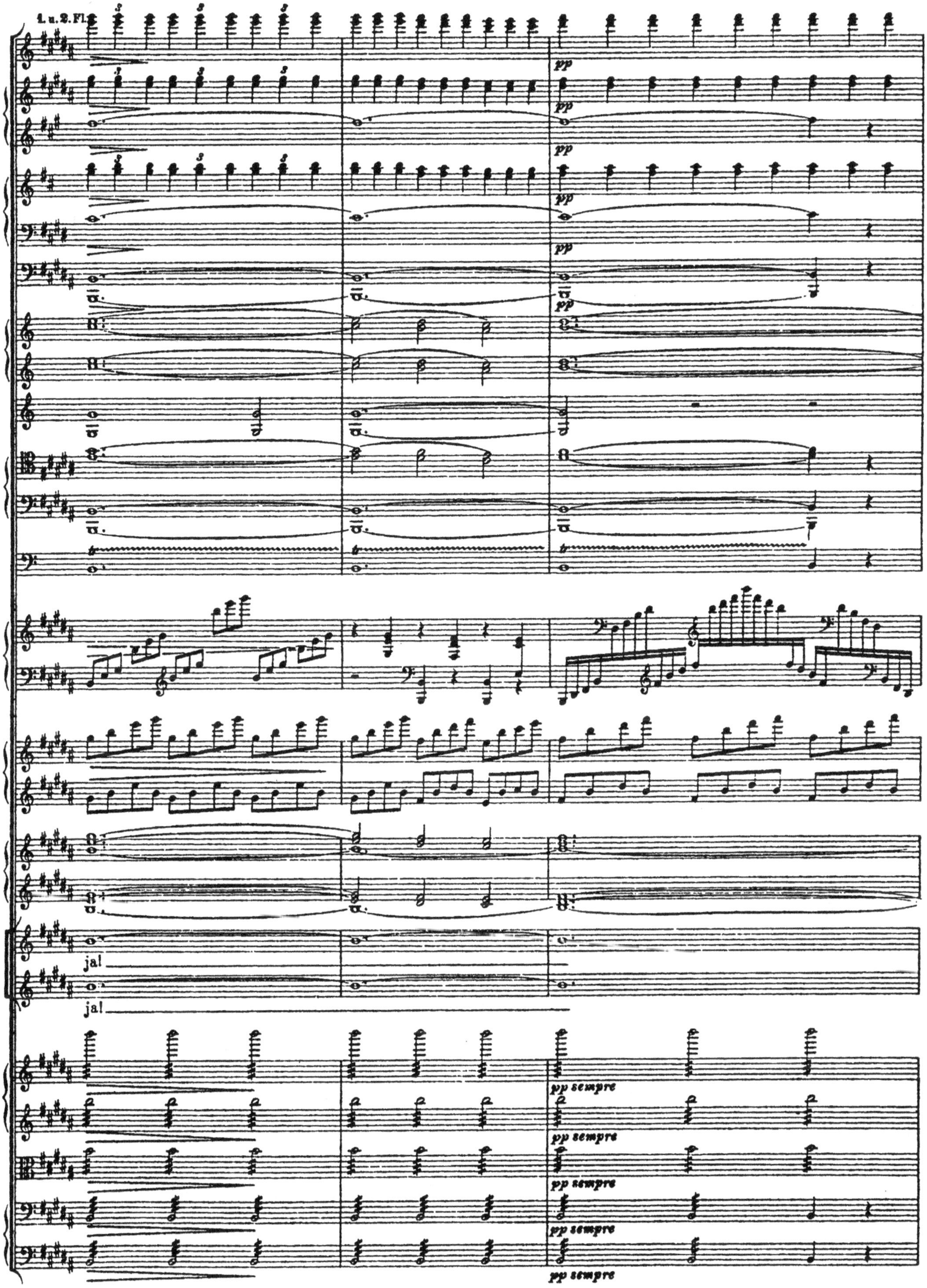
1. u. 2. Fl.
pp
ja!
ja!
pp sempre

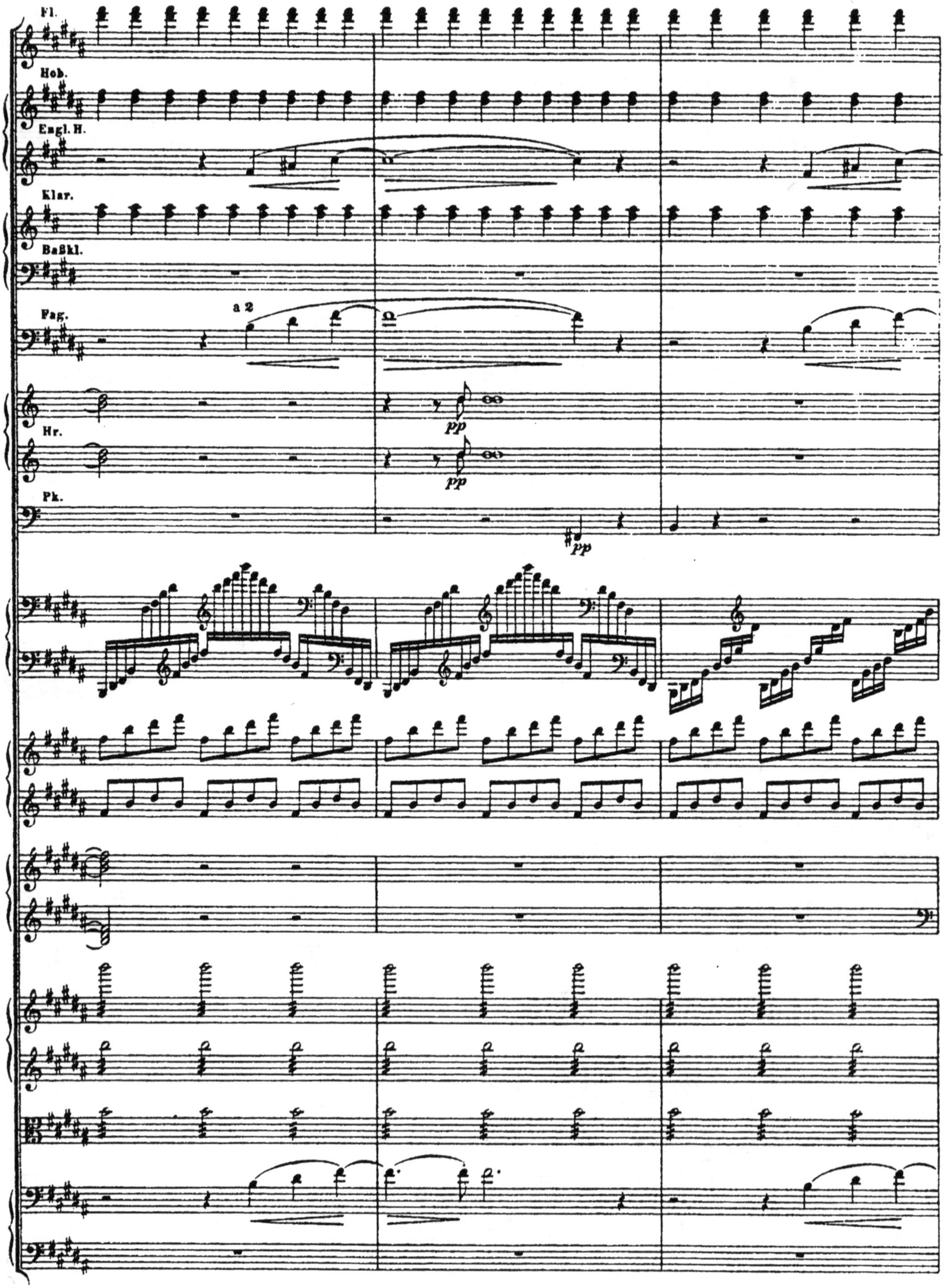
Fl.
Hob.
Engl. H.
Klar.
Baßkl.
Fag.
a 2
Hr.
pp
pp
Pk.
pp

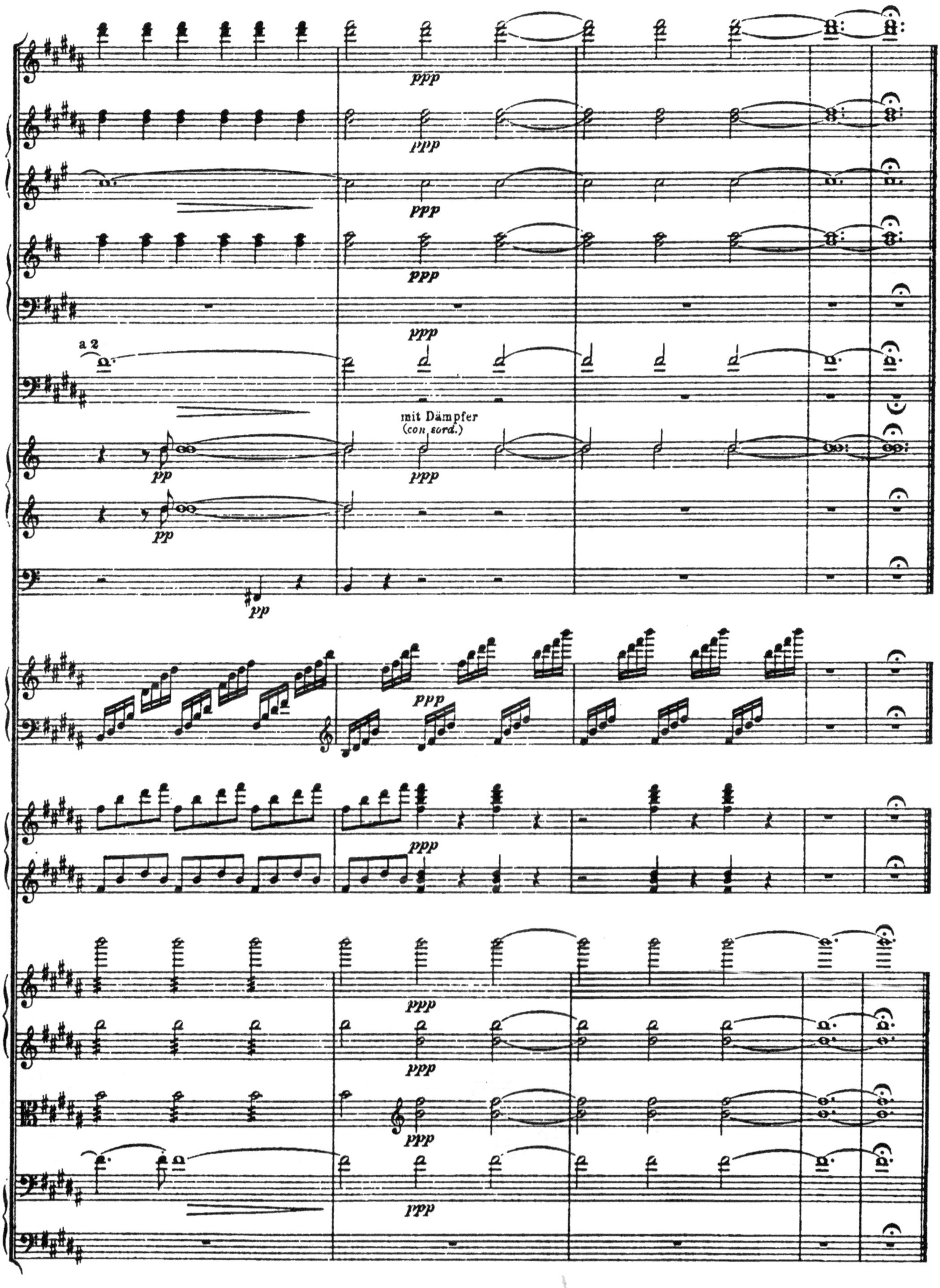
ppp
a 2
mit Dämpfer
(con sord.)
pp

Zweiter Schluß, ad libitum.
(Second conclusion.)
(Deuxième finale.)
(*Második zárórész.*)

Y Più mosso, quasi Allegro.

Y Più mosso, quasi Allegro.

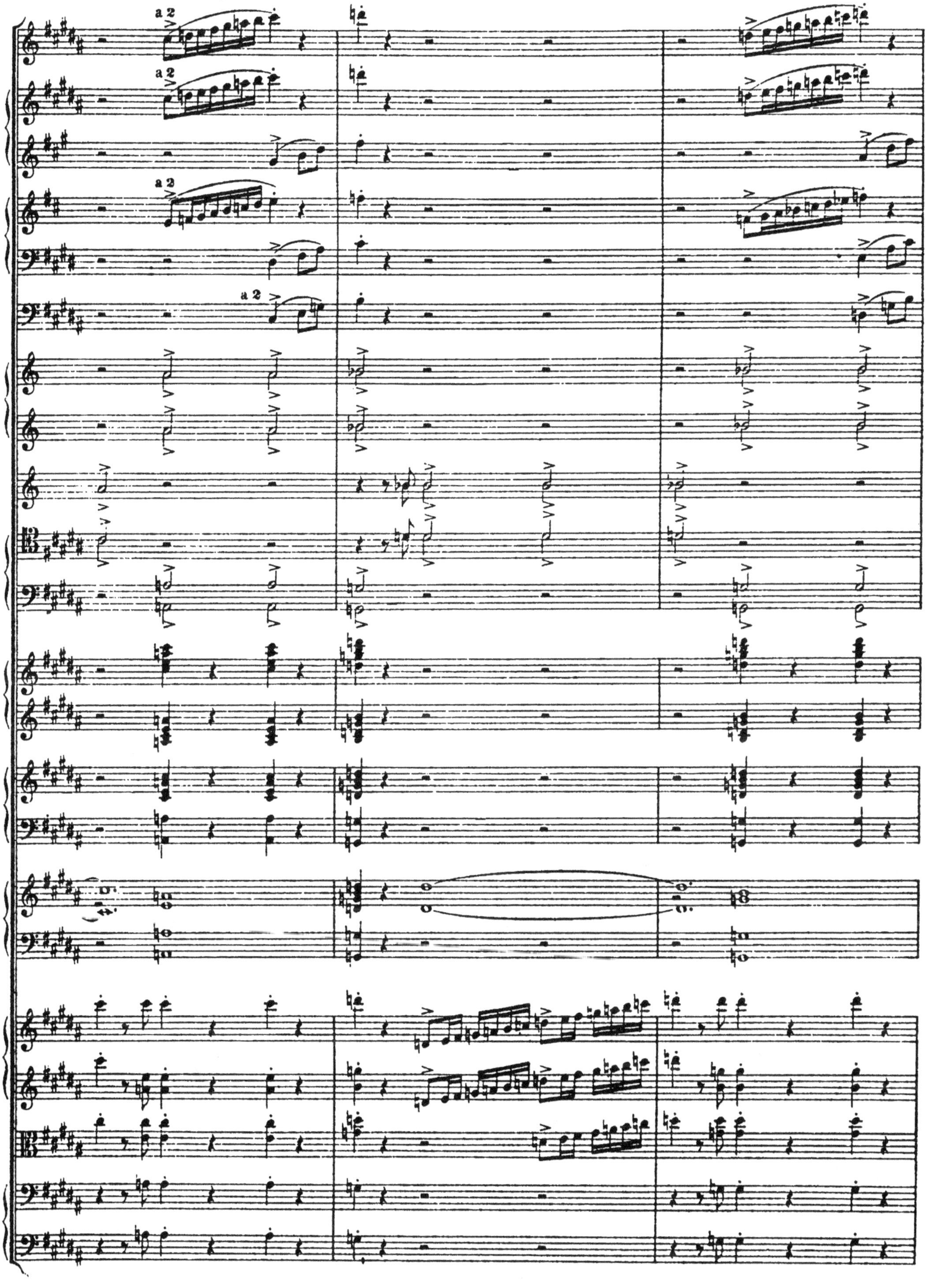
a 2
a 2
a 2
a 2

a 2
a 2
a 2
a 2
sempre marc.
sempre marc.
sempre marc.
sempre marc.
sempre marc.

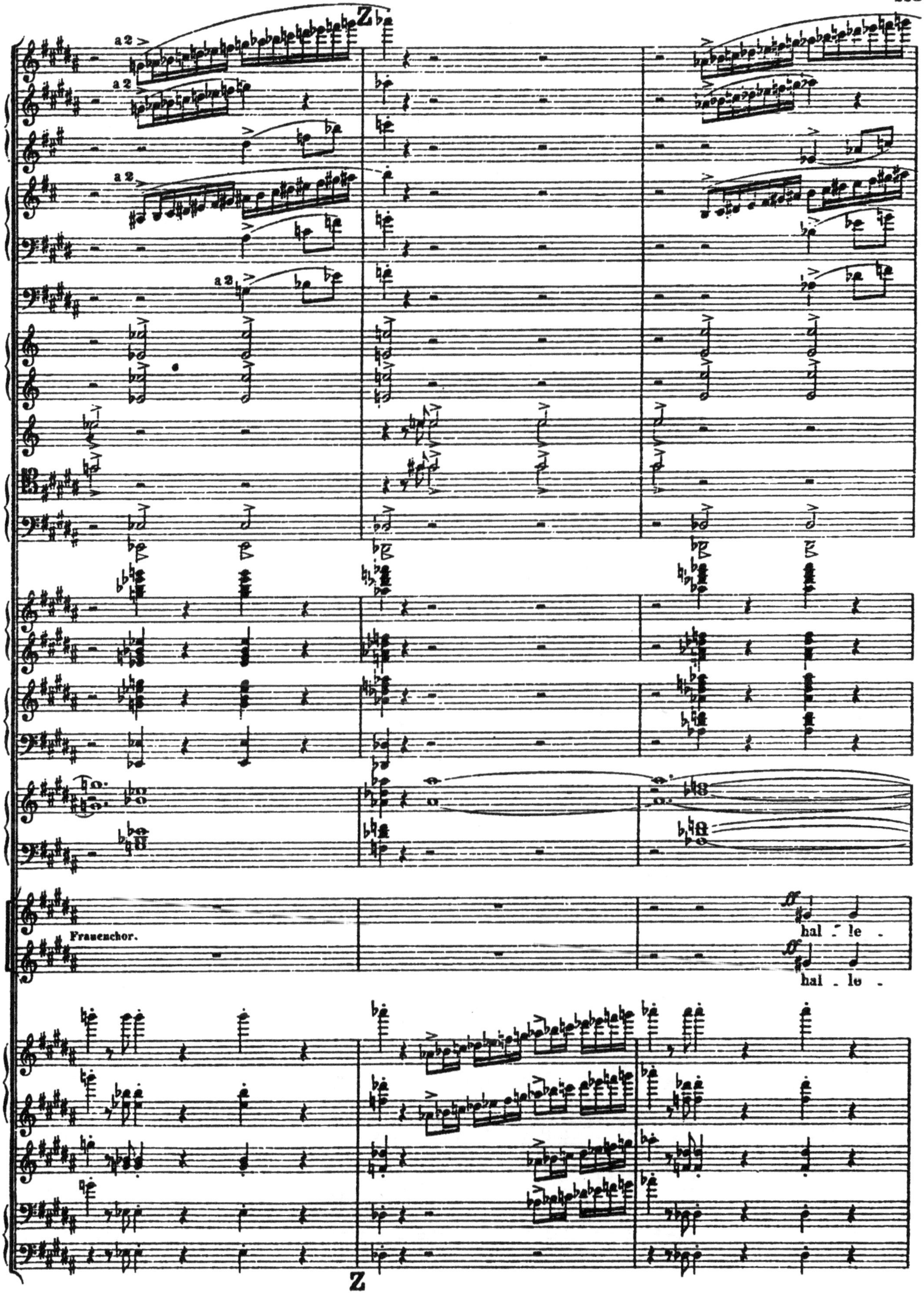
a 2
Z
a 2
a 2
a 2
Frauenchor.
hal - le -
hal - le -
Z

Kl. Fl.
Fl. a 2
Hob.
a 2
Engl. H.
Klar. a 2
Baßkl.
Fag. a 2
Hr.
Tr.
Pos. u. Tuba.
Pk.
lu - - ja hal - le - lu - - - - ja hal - le -
lu - - ja hal - le - lu - - - - ja hal - le -

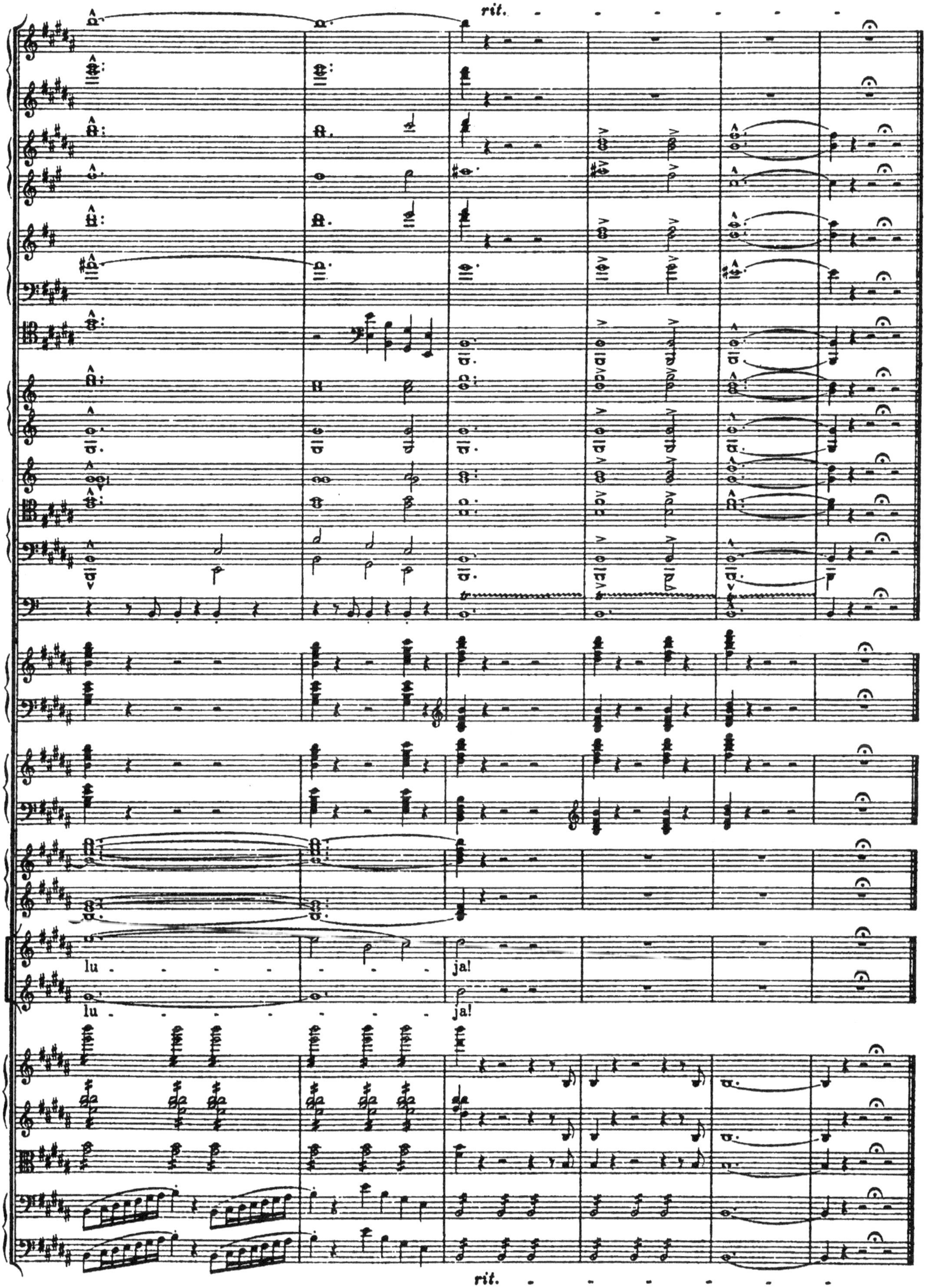
rit.
lu
ja!
lu
ja!
rit.

HERAUSGEBER-BERICHT.

Ursprünglich war *Eugen d'Albert* zum Herausgeber der Dante-Symphonie für die Gesamtausgabe der Werke Liszts bestimmt gewesen. Er hat auch eine gründliche Durchsicht der als Stichvorlage dienenden Breitkopf & Härtelschen Originalpartitur (Verl.-Nr. 9796) vorgenommen und das Ergebnis dieser Durchsicht in einer Niederschrift der von ihm aufgefundenen Fehler, zweifelhaften Stellen usw. mitgeteilt. Bevor die Symphonie als druckfertig gelten konnte, trat er aber von jeder weiteren Mitarbeit an der Gesamtausgabe zurück, und nun wurde dem Unterzeichneten der ehrenvolle Auftrag, die Schlußrevision des Werkes zu besorgen. Er erfreute sich bei dieser Arbeit des Vorzuges, Hinweise, Bemerkungen und Ratschläge der Herren Hofkapellmeister Dr. *Aloys Obrist* (†), Professor *Berthold Kellermann*, Professor *Siegmund von Hausegger* und Generalmusikdirektor Dr. *Peter Raabe* nutzbringend verwerten zu können.

Nachstehende Fehlerliste verweist nur auf solche Stellen in der Partitur, die zu redaktionellen Bemerkungen Anlaß geben. Nicht besonders vermerkt wurden die vielen kleinen Mängel der Stichvorlage in bezug auf Vortragsbezeichnungen, Versetzungszeichen und dergleichen mehr, deren Berichtigung gewissermaßen als selbstverständlich erschien, oder wo durch den Vergleich mit Parallelstellen die wahre Meinung des Komponisten ganz zweifellos festgestellt werden konnte.

I. INFERNO

S. 4, Takt 6 ff. Eugen d'Albert schlägt vor, der größeren Deutlichkeit wegen das Motiv des ›Lasciate ogni speranza‹ im 2. Horn durch das 4. Horn zu verdoppeln.

S. 6, Takt 4 ff. wiederholt er denselben Vorschlag.

S. 7, Takt 6 wurde bei den 2. Violinen und Bratschen die Vorschrift ›divisi‹, die in der Stichvorlage fehlt, hinzugefügt.

S. 8, Takt 3 wurde ein Fehler der Stichvorlage, die das letzte Taktviertel *(fis)* nur vom 1. Fagott blasen läßt, während sicher beide Fagotte gemeint sind, entsprechend der Handschrift Ms A 13 (im Liszt-Museum zu Weimar aufbewahrte Partiturabschrift der Dante-Symphonie) verbessert.

S. 9, Takt 4. Die Handschrift Ms A 13 hat schon bei ›un poco più accelerando‹ die Vorschrift ₵. Das ₡ der gedruckten Stichvorlage ist wohl eine spätere Änderung.

S. 11, Takt 2. Hoboen, 1. und 2. Violinen haben in der Stichvorlage zu den vier Achteln der 2. Takthälfte [Notenbeispiel] das Zeichen ⌐, das als ›schwächlich und der Heftigkeit der Stelle widersprechend wirkend‹ (v. Hausegger) in ⌐ geändert wurde.

S. 11, Takt 3 steht in der Stichvorlage die Bezeichnung ›angoscioso‹ bei der Bratsche, während sie augenscheinlich auf das Violoncell bezogen werden muß.

S. 11, Takt 7 u. 8. Übereinstimmend mit den beiden ersten Takten auf S. 12 wurde zu 2. Hoboe, 1. Fagott, 2. Violine und Bratsche das Zeichen ⌐ bis zum 3. Viertel von Takt 8 geführt und dieses mit einem ⌐ versehen.

S. 11, Takt 4 fehlt in der Stichvorlage bei den Klarinetten der Bogen zur ersten halben Note *(cis)*, der ergänzt wurde.

S. 12, Takt 3 wurde bei allen Streichern ein *p*, wie es dem Sinne der Stelle entspricht, eingefügt.

S. 12, Takt 4 hat die Stichvorlage in der 2. Violine als letztes Viertel die Note *h*, während es *c* ([Notenbeispiel]) heißen muß (siehe 2. Hoboe).

S. 12, Takt 7 hat die Stichvorlage in den Klarinetten auf dem 3. und 4. Viertel *d—cis* statt des richtigen *des—c* ([Notenbeispiel]).

S. 13, Takt 1 wurde das ₡ der Stichvorlage in das richtige ₵ *(alla breve)* verbessert, entsprechend Ms A 13. Es sei hier besonders darauf hingewiesen, daß dieses *alla breve*-Zeichen nicht das schon seit S. 10 bestehende ₵ rückwirkend aufhebt, sondern nur von neuem bestärkt.

S. 13, Takt 4. Liszt läßt die 1. Hoboe auf dem 3. Viertel pausieren, wohl weil er sich nicht getraute, dem Bläser das hohe *f* zuzumuten. Da diese Schwierigkeit jetzt nicht mehr vorhanden ist, wurde das *f* ergänzt. Desgleichen das hohe *g* der 1. Klarinette.

S. 19, Takt 6. Die Stichvorlage hat für die 1. Violine folgende Notierung [Notenbeispiel], und ebenso lautet die Stelle in der Handschrift Ms A 13. Trotzdem wurde — aus Zweckmäßigkeitsgründen — die untere Viertelnote *f* in eine Halbe geändert.

S. 20, Takt 3 ist mit dem entsprechenden [Notenbeispiel] der 1. Violine in der Stichvorlage aus denselben Gründen ebenso verfahren worden.

S. 20 ff. Die in zusammengehenden Instrumenten verschieden notierten Rhythmen [Notenbeispiel] (und ähnliche) der Stichvorlage wurden in die wünschenswerte Übereinstimmung gebracht.

S. 27, Takt 2. Bratsche, 1. Viertel, heißt in der Stichvorlage [Notenbeispiel], statt des richtigen [Notenbeispiel].

S. 28, Takt 13. 2. Violine und Bratsche haben in der Stichvorlage auf den Anfangsnoten des Taktes ➤ statt des vorher ständig vorgeschriebenen *fp*. Letzteres wurde der Konsequenz wegen auch hier gesetzt.

S. 29, Takt 5. Im Engl. Horn steht in der gedruckten Stichvorlage die Note *ais* (♪), im Ms A 13: *gis*. Beides ist falsch; das ganze Orchester hat den Ton *h*, also Engl. Horn die Note *fis* (♪).

S. 32, Takt 7 wurde bei den Violoncellen die in der Stichvorlage fehlende Vorschrift »divisi« ergänzt.

S. 33, Takt 5. Das ⎯ der übrigen Bläser wurde auch zu den Trompeten und Posaunen gesetzt.

S. 34, Takt 1. Es besteht hier in den Streichern ein Gegensatz zu der Bezeichnung des entsprechenden Taktes 3 auf derselben Seite. In Takt 1 dürfte der Komponist mit Vorbedacht das *p* erst auf das 3. Viertel gesetzt haben, da das 1. Viertel mit dem dynamischen Höhepunkt der Stelle in den Blechbläsern zusammenfällt. In Takt 3 ist in den Streichern aber schon ein *dim.* vorangegangen, so daß hier das *p* auf dem 1. Taktviertel seine Berechtigung hat.

S. 36, Takt 2. Die Stichvorlage schreibt hier für die Hörner vor, daß sie »gestopft« geblasen werden sollen. Da die Parallelstelle auf S. 58, Takt 9 »gedämpfte« Hörner fordert, wurde das »gestopft« in »mit Dämpfer« geändert.

S. 36, Takt 3. In den 1. und 2. Violinen erhielt das erste Sechzehntel entsprechend dem nächsten Takte ein ➤.

S. 38, Takt 9. Die Stichvorlage hat in den Kontrabässen den Druckfehler »sempre agitazione« statt des richtigen »senza agitazione« (siehe auch S. 36, Takt 2).

S. 38, Takt 7 u. 8. Die Klarinetten erhielten — entsprechend der gleichartigen Flötenstellen auf S. 40 — auf dem 3. (bzw. 2.) Taktviertel ein ➤.

S. 39, Takt 1 u. 2. Wie S. 36, Takt 2 u. 3, erhielt das erste Sechzehntel der 1. und 2. Violinen ein ➤.

S. 44, Takt 2. Baßklarinette und Fagott haben auf der ersten halben Note ➤. Dasselbe ist der Fall mit Flöte und Hoboe, erste halbe Note, im nächsten Takt. S. v. Hausegger meint, daß ➤ hier irrtümlich für ⎯ gesetzt sei, und innere Gründe sprechen für die Richtigkeit seiner Annahme. Da aber sowohl die Stichvorlage wie Ms A 13 das Zeichen ➤ haben, ist es beibehalten worden.

S. 45, Takt 6. Die Stichvorlage hat hier keinen Doppeltaktstrich, der der besseren Übersichtlichkeit wegen eingetragen wurde.

S. 45, Takt 8. Entsprechend S. 46, Takt 5, wurde in den Violoncellen das ➤ über *e* (4. Viertel) durch ein ➤⎯, das bis zum 2. Viertel des nächsten Taktes gilt, ersetzt.

S. 46, Takt 3. Der Sinn dieser Stelle weist darauf hin, daß der neue Einsatz der Violoncelle wieder piano gespielt wird. Das piano in den mit Schluß des Taktes einsetzenden Begleitinstrumenten unterstützt diese Annahme. Es wurde den Violoncellen daher (*p*) hinzugefügt.

S. 46, Takt 15 u. 16 lautet in der Stichvorlage für die Klarinetten ♪ . Natürlich gehört der Tenutostrich nicht auf das Viertel $\frac{a}{fis}$, sondern auf die vorhergehende Halbe $\frac{h}{gis}$.

S. 47, Takt 5 wurde in der 2. Violine ein fehlendes *cresc.* - - -, im 2. Fagott ein fehlender Bogen von ♪ zum ♪ des nächsten Taktes ergänzt.

S. 48, Takt 1 wurde im 2. Horn ein fehlender Bogen von ♪ zum ♪ des nächsten Taktes ergänzt.

S. 49, Takt 2. Das in der Stichvorlage bei den Bläsern und der Bratsche fehlende *f* ist von d'Albert hinzugefügt worden.

S. 49, letzter Takt, heißt in der Stichvorlage für die Bratschen: ♪ . Das letzte Triolenachtel (*cis*) der 2. Bratsche ist offenbar ein Fehler, der in das richtige *his* verbessert wurde.

S. 50, Takt 1 wurde im Engl. Horn das fehlerhafte *h* der Stichvorlage in das korrekte *his* verbessert.

S. 50, letzter Takt und S. 51, Takt 1 hat die Stichvorlage im ersten Horn folgende Fassung: ♪ . Da hier ein ausgesprochener Synkopenrhythmus vorliegt, so kann der zweimalige Anschlag des *b* nicht richtig sein. Die Stelle wurde deshalb geändert in ♪ .

S. 52, letzter Takt hat die Stichvorlage im Engl. Horn ♪ . d'Albert änderte es in ♪ , entsprechend der Parallelstelle S. 47, letzter Takt. Doch ist die Fassung der Stichvorlage wieder hergestellt worden, da auch die Stimmen der Prager Aufführung vom 11. Mai 1858, die Liszt selbst dirigierte, das *fis* haben.

S. 53, Takt 2 ist der 1. Flöte (ebenso wie schon S. 48, Takt 2) das der melodischen Führung einzig entsprechende *h* gegeben worden, das zu fordern Liszt Bedenken gehabt haben mag, während eine solche Forderung heute ganz unbedenklich ist.

S. 53, Takt 3 ff. Die Fagotte erhielten die gleiche Vortragsbezeichnung wie die im Einklang mitgehenden Violoncelle und Kontrabässe.

S. 54, Takt 2. Den Violoncellen und Kontrabässen wurde wie S. 49, Takt 3 ein (*rinf.*) beigefügt.

S. 55, Takt 1. In Klarinetten und Fagotten wurden die augenscheinlich fehlenden Bogen (siehe auch S. 54, Takt 3) ergänzt.

S. 56, Takt 1. In der Stichvorlage fehlt die Angabe »senza sordini«, die nach der ganzen Sachlage nur hier möglich ist.

S. 59, Takt 8. Bei den Hörnern fehlt in der Stichvorlage die Angabe, wann sie nicht mehr »gestopft« blasen sollen. Der hier angebrachte Vermerk »nicht gestopft« rührt von d'Albert her, der sich dahin äußert, daß er annehme, das »gestopft« im 4. Takt dieser Seite beziehe sich nur auf das erste Horn und verliere seine Gültigkeit, sobald dieses nicht mehr allein blase. v. Hausegger hält es für unsicher, wann die Hörner offen blasen sollen, glaubt daher in der Hinzufügung von »nicht gestopft« an dieser Stelle eine gewisse subjektive Willkür erblicken zu sollen. Dr. Peter Raabe verweist aber darauf, daß in den Prager Stimmen 2. und 4. Horn überhaupt nicht gestopft sind, man also doch wohl annehmen müsse, daß auch für 1. Horn von Aa an die Vorschrift »gestopft« nicht mehr gilt. Absolute Sicherheit für diese Annahme bieten aber auch die Prager Stimmen nicht, da die 1. Hornstimme den Vermerk »offen« bei Aa ebenfalls nicht hat.

S. 60, Takt 5, 7, 9. Die Stichvorlage und Ms A 13 haben in Violoncell und Kontrabaß über der ersten halben Note jedesmal ‿, während die mitgehende Baßklarinette (gleich Hoboen und Engl. Horn) ⟩ hat. Da ⟩ sinnentsprechender ist, wurde es auch zu Violoncell und Kontrabaß gesetzt.

S. 62. Der (hinzugefügte) Doppelstrich nach dem letzten Takte soll den Eintritt des neuen Zeitmaßes besser markieren.

S. 63, Takt 4. Siehe die Bemerkung zu S. 13, Takt 4.

S. 63, Takt 6. Die erste Halbe *ces* der Stichvorlage in den Fagotten ist falsch; es muß *cis* heißen, wie geändert wurde.

S. 64, Takt 6. Ebenso ist das ♯ vor dem 3. Taktviertel der 1. Trompete ein Fehler der Stichvorlage. Die Note heißt *c* (nicht *cis*).

S. 65, Takt 1 hat die Stichvorlage im 2. Horn ein falsches *fis*, das in *gis* korrigiert wurde.

S. 66, Takt 3. Klarinetten und Baßklarinette, die hier in der Stichvorlage pausieren, wurden gemäß der Parallelstelle (S. 16, Takt 1) ergänzt.

S. 66, letzter Takt bis S. 67, Takt 4 fand ebenfalls eine Ergänzung der in der Stichvorlage hier pausierenden Fagotte gemäß der Parallelstelle (S. 16, Takt 5 bis S. 17, Takt 2) statt.

S. 67, letzter Takt wurde das der großen Flöten, das die Stichvorlage hat, gemäß der Parallelstelle (S. 17, Takt 5) in geändert.

S. 71, Takt 6 bis S. 73, Takt 4 stehen die eingeklammerten Takte der Klarinetten, Hörner und Trompeten nicht in der Stichvorlage. Sie wurden eingetragen nach Vergleichung mit der Parallelstelle auf S. 20 (von Buchstabe J an), die im übrigen ganz gleich instrumentiert ist. Gegen diese bringt die Komposition als solche hier aber eine Wiederholung mit gesteigertem Ausdruck, mit der sich die Abschwächung der klanglichen Wirkung schwer in Übereinstimmung bringen läßt. Die Klammern ermöglichen ohne jede Schwierigkeit die Herstellung der ursprünglichen Lesart.

S. 73, Takt 4 fehlt in der Stichvorlage das Engl. Horn, sicher ein bloßes Versehen, das durch die betr. Eintragung beseitigt wurde.

S. 79, Takt 2 und S. 80, Takt 1 wurde den Posaunen und Kontrabässen je ein ⟩ entsprechend der gleichen Bezeichnung in den Fagotten hinzugefügt.

S. 80, Takt 6 steht in der Stichvorlage für die Trompeten die Doppelnote . Die Trompeten sind hier melodieführend; es kann daher nicht zweifelhaft sein, daß das obere *g* (der 1. Trompete) falsch, und ein doppeltes *e* () das Richtige ist.

S. 82, Takt 5. Die Stichvorlage hat das ∧ über der ersten Halben in Violinen und Bratschen einen Takt später, was sicher ein Fehler ist, da alle übrigen Instrumente in Takt 5 das ∧ haben.

S. 88, Takt 9 u. 10. Im Ms A 13 sind die beiden letzten Noten der ersten und zweiten Violine so notiert. Wahrscheinlich sind Doppelgriffe (*d* auf der *G*-Saite und leere *D*-Saite) gemeint, die nach der jetzt üblichen Notierungsweise so wiedergegeben wurden.

II. PURGATORIO

S. 89, ff. Es sei hier auf die Möglichkeit hingewiesen, daß Liszt das ganze Purgatorio hindurch die Streicher mit Dämpfern spielen lassen wollte. Wenigstens fehlt jegliche Angabe der Stelle, an der die Dämpfer etwa abgenommen werden sollen, wohingegen sich mehrfach die Bemerkung »sempre con sordini« findet. Trägt man trotzdem Bedenken, auch den *ff*-Höhepunkt in dieser Weise wiederzugeben, so empfiehlt sich vielleicht ein Abnehmen der Dämpfer auf S. 101 nach Buchstabe F., das Wiederaufsetzen auf S. 107, bei Buchstabe J.

S. 95, Takt 7. Die Stichvorlage hat für die aufsteigende Figur der 1. Violine auf der zweiten Takthälfte folgende Lesart: . Sie wurde nach Ms A 13 und der Urschrift in den punktierten Rhythmus geändert.

S. 95, Takt 20—22. Die 2. Fagottstimme ist entsprechend S. 96, Takt 5—7 hinzugefügt worden.

S. 96, Takt 15. Dem letzten Viertel der 2. Bratsche ist in der Stichvorlage ein Bogen angehängt. Er dürfte falsch sein, denn er findet sich weder im mitgehenden 1. Violoncell, noch setzt er sich in der Bratsche selbst auf der nächsten Seite fort (der betr. Takt ist in der Stichvorlage der letzte Takt der Seite!).

S. 97, Takt 16. 1. Klarinette und 1. u. 2. Horn erhielten gleiche Vortragsbezeichnung; zu Bratsche und Violoncell wurde für die ersten vier Achtel je ein ⟩ S. 98, Takt 9, gesetzt.

S. 99, Takt 14. Da die Bratsche hier eine fast notengetreue Nach-
ahmung der 2. Violine (siehe vorhergehenden Takt)
bringt, wurde den zwei letzten Taktvierteln ein
analoges $\smile$ hinzugefügt und die Phrasierung,
abweichend von der Stichvorlage, der 2. Violine
gleich gestaltet.

S. 99, Takt 21. In der Stichvorlage heißt dieser Takt in den Bratschen:
 . Ein Vergleich der letzten
Figur mit den Klarinetten zeigt, daß diese statt
des punktierten Rhythmus gleiche Achtelbewegung
haben. Als dem Sinn des Fugato entsprechender
und der wahren Meinung des Komponisten daher
vermutlich gemäßer, wurde die Form der Klarinetten-
stelle auch auf die Bratschen übertragen. Zum
Fugato bemerkt d'Albert: »Ich habe versucht, die
dynamischen Zeichen nach Möglichkeit miteinander
in Einklang zu bringen, das Thema des Fugato
als Vorbild nehmend. Eigentlich sind die *sf* und
die $\smile$-Zeichen mehr als Tenuto-Zeichen von
Liszt gemeint.

S. 100, Takt 1 u. 2. Die Hoboestelle steht in der Stichvorlage
(Partitur) aber nicht in den Stimmen.

S. 100, Takt 5. Es liegt nahe, anzunehmen, daß die Führung der
Klarinetten eigentlich so
gedacht ist (vergleiche Bratsche und 2. Violine),
und daß die von Liszt niedergeschriebene Gestalt
 auf einem Versehen be-
ruht. S. von Hausegger machte darauf aufmerksam.

S. 101, Takt 2—4a. Hier wurden in Bratschen, Violoncelle und
Kontrabässe die $\smile$-Zeichen der Klarinetten und
Fagotte eingetragen. Die verschieden notierten
Rhythmen in Flöten, Hoboen, 1. und 2. Violine
wurden in Übereinstimmung miteinander gebracht.

S. 101, Takt 5 ff. In der Vorlage fehlt hier für die Einsätze der
Streicher (später auch des 1. Fagotts) die Angabe
der geforderten Stärkegrade, während die Bläser
(im Takt nach *F*) auf dem 2. Viertel *p espress.*
haben. Es lag nahe, dieselbe Bezeichnung auf die
ersten Streichereinsätze zu übertragen. Im weiteren
Verlaufe der Musik scheint dem Komponisten ein
Wachsen der Tonstärke vorgeschwebt zu haben.
Doch läßt der Charakter der Stelle mehr ein bloß
»innerliches *Crescendo*« annehmen, weshalb nicht
nur nicht höhere Stärkegrade gefordert wurden,
sondern sogar eine Wiederholung des *p* auch beim
zweiten Einsatz als das Richtige erschien.

S. 104, Takt 2 u. 3 wurden in 3. Posaune und Tuba entsprechend
Takt 4 und 5 derselben Seite die fehlenden Bogen
ergänzt.

S. 104, Takt 2, 4 usw. Die Stichvorlage hat für die Holzbläsergänge
 usw. ganz verschiedene Be-

zeichnungen. Bald steht (in einem und demselben
Takt!) unter dem Viertel *ff*, bald *sf*, bald hat
das Viertel (wieder in einem und demselben Takt!)
ein ∧, bald fehlt dieses, oder das erste der vier
Achtel hat in einer Instrumentengattung $>$, in
der mitgehenden anderen nichts. Diese Regel-
losigkeiten wurden beseitigt und die nötige Einheit-
lichkeit der Bezeichnung bei allen in Betracht
kommenden Instrumenten hergestellt.

S. 106, Takt 2 u. 4, 2. Violine. Entsprechend der sonstigen Schreib-
weise wurden die beiden unteren Noten $\binom{d}{as}$ aus
Halben in Viertel geändert.

S. 106, Takt 4, 1. Violine. Entsprechend Takt 2 wurde den bei-
den Oktavengriffen $\begin{smallmatrix}b\\b\end{smallmatrix}$ je ein tieferes Viertel *d* hinzugefügt.

S. 108, Takt 9 wurde zu 1. und 2. Horn die in der Stichvorlage
fehlende Vorschrift »muta in *F*« hinzugefügt.

S. 116 ff. Harmonium. In der Stichvorlage fehlt für das Harmonium
fast jede Vortragsbezeichnung, während es doch
undenkbar ist, daß das Instrument sich an den
Schattierungen der übrigen Klangmittel nicht be-
teiligen sollte. Es sei an dieser Stelle auf diese
Eigentümlichkeit wenigstens aufmerksam gemacht.

S. 119, ff. Unter Bezugnahme auf das Aufhören der bisherigen
Phrasierungsbogen in Flöten und Klarinetten und
die dafür gesetzte allgemeine Bezeichnung »sempre
legato e dolce«, bemerkt S. von Hausegger: »Es
dürfte sich empfehlen, die Bindung nicht dem
Spieler zu überlassen, sondern eine bestimmte Art
vorzuschreiben, etwa nach dem Muster der vorhergehenden.«

S. 120, Takt 2. In der 1. Flöte bringt die Stichvorlage (wie auch
Ms A 13) die beiden letzten Achtel in folgender
Gestalt: . Entsprechend der sonstigen
Führung der Flöten wurde geändert in: .
(Siehe auch S. 121, letzter Takt!)

S. 128, Takt 1 bis 4. Die Stichvorlage hat das Kuriosum, daß in
der 1. Harfe die linke Hand eine Oktave zu hoch
notiert ist, demzufolge beide Hände die gleichen
Noten spielen müßten. Natürlich ist das ein bloßes
Versehen, das unschwer zu berichtigen war.

S. 135 wurden in den drei Flöten die in der Stichvorlage fehlenden
Bogen vom vierten Viertel des zweiten zur ganzen
Note des dritten Taktes eingetragen.

S. 136, Takt 3 war in der Stichvorlage nicht angegeben, daß nur
zwei Flöten (statt der bisherigen drei) blasen sollen.

S. 140, Takt 2. Die Bemerkung »Mit sehr breitem Strich« über dem
1. Takt bezieht sich natürlich auf alle Streicher.
Die Stichvorlage wiederholt diese Bemerkung auch
ausdrücklich bei dem Einsatz der Violoncelle und
Kontrabässe im 2. Takte. Hier glaubte man von
solcher Wiederholung absehen zu dürfen.

S. 144, Takt 4. Die Stichvorlage bindet die beiden Noten des 4. Horns
statt der entsprechenden Noten der Trompeten.

Berlin, den 17. August 1919.

Otto Taubmann.

www.ingramcontent.com/pod-product-compliance
Lightning Source LLC
Chambersburg PA
CBHW080511110426
42742CB00017B/3080